Ewald Terhart (Hrsg.)

Die Hattie-Studie in der Diskussion

Probleme sichtbar machen

bildung kontrovers

Klett | Kallmeyer

Vorwort

Es gibt kein anderes neueres erziehungswissenschaftliches Buch, das hierzulande, aber auch in der englischsprachigen Welt, eine derartig große Resonanz gefunden hat wie John Hatties 2009 erschienene Arbeit *Visible Learning*. Speziell in Deutschland ist die Resonanz sogar ungewöhnlich hoch: Vom Bundespräsidenten über verschiedene Kultusminister und Bildungsadministrationen – alle zitieren Hattie; in den öffentlichen Bildungsblättern, in den wissenschaftlichen Fachjournalen, in den Institutionen der Lehrerbildung, in Lehrerzimmern und auf Elternabenden – überall wird auf die Hattie-Studie Bezug genommen. Im *Times Educational Supplement* war nach dem Erscheinen der Hattie-Studie gar die Rede davon, dass nunmehr der „Heilige Gral" der Schul- und Unterrichtsforschung gefunden sei. Die hohen Vorbestellungs- und Verkaufszahlen der von Wolfgang Beywl und Klaus Zierer besorgten Erarbeitung der deutschen Fassung von *Visible Learning* verleiteten das Magazin *Der Stern* im März 2013 zu der Schlagzeile, bei John Hatties Buch handele es sich wohl um den „Harry Potter der Pädagogen" …

Eine Bewertung zwischen „Heiliger Gral" und „Harry Potter" – allein dies erklärt die intensive Rezeption innerhalb und außerhalb der Fachwelt. Ein anderer Faktor kommt hinzu: Die breite Resonanz auf Hatties schier monumentale Ordnungs- und Auswertungsleistung vorhandener Forschung ist vor dem Hintergrund der weltweit intensiven Suche nach vertrauenswürdigen und belastbaren empirischen Erkenntnissen zu Fragen von Bildung, Schule und Unterricht zu sehen. Traditionell herrschen in diesem Wissenschaftsfeld große Unübersichtlichkeit, innere Widersprüchlichkeit und deutliche Lückenhaftigkeit. Die Fachleute haben damit zu leben gelernt. Außenstehenden auf der Suche nach klaren, handhabbaren Resultaten kommt das Ganze jedoch eher wie ein undurchdringlicher Wirrwarr vor. In dieser Situation wird jeder, der die Quintessenz des Ganzen plausibel und nachvollziehbar zu präsentieren versteht, zum Mann der Stunde.

Die Aufregung um die Hattie-Studie hat denn auch alle Elemente eines zunehmenden Hypes: Hattie wird im Internet und anderen Medien diskutiert, er wird zusammengefasst, interpretiert, interviewt. Wie üblich, benutzen Politiker, Wissenschaftler, Verbandfunktionäre und sonstige Interessenvertreter die Hattie-Studie auf dem Wege selektiver Lektüre und Auswertung zur Bestätigung ihrer immer schon vertretenen Positionen.

Illustration: Frederik Jurk / Sepia

Eine der „Kernbotschaften" Hatties lautet: „Auf den Lehrer kommt es an!" *Die Zeit* hat sich in einem Beitrag von Martin Spiewak mit dem für Lehrer schmeichelhaften Titel *Ich bin superwichtig!* näher damit beschäftigt (03.01.2013, S. 55 f.).

Der hohe Komplexitätsgrad, die Informationsdichte sowie die Mischung unterschiedlicher Darstellungsarten und Argumentationsweisen in *Visible Learning* bieten reichlich Gelegenheit für gezieltes und hier und da selektives Interpretieren – wobei dies nicht als Vorwurf an den Autor zu gemeint ist. Kritiker warnen vor einer Überschätzung der Aussagen Hatties, weisen auf seine veraltete Literaturbasis hin, kritisieren die Methode der Meta-Metaanalyse, bezweifeln die Übertragbarkeit der Ergebnisse auf Deutschland oder kritisieren umgekehrt die damit eingeläutete Globalisierung der empirisch-psychologisch fundierten Didaktik. Geht es tatsächlich um eine „Hattiefizierung des Lehrens und Lernens", wie die Fachdidaktikerin Inez De Florio-Hansen besorgt fragt?

Und der Hattie-Hype geht weiter: Kurzfristig ist in Buchform eine eigentümlich imitative Kurzfassung der Hattie-Studie auf Deutsch erschienen – und sehr schnell wieder vom Markt verschwunden. John Hattie und Eric Anderman haben eine voluminöse Übersicht über den aktuellsten Forschungsstand zu den Faktoren erfolgreichen Unterrichtens herausgegeben (2012), und in diesem Frühjahr erscheint die deutsche Ausgabe von Hatties *Visible Learning for Teachers,* wiederum besorgt von Wolfgang Beywl und Klaus Zierer.

Dabei muss gesehen werden, dass die Hattie-Studie ein ständig weiter laufendes Projekt ist, denn mittlerweile hat John Hattie mehr als 1.000 Metastudien einbezogen. Grundlegende Verschiebungen hinsichtlich der (in positiver wie negativer Hinsicht) einflussreichsten Faktoren hat es meines Wissens nicht gegeben. In Hatties aktuellen Kommentaren scheint ein förderndes Klassenklima sowie die für Schüler erkennbare Leidenschaft des Lehrers für den Lernerfolg seiner Schüler scheinen stärker in den Vordergrund zu rücken.

Der vorliegende Band zielt darauf ab, in unterschiedlich ansetzenden Beiträgen die Leistungen und die Grenzen der Hattie-Studie herauszuarbeiten. In gewisser Weise ist der Band selbst ein Teil des Hypes um Hattie. Aber jede Aufregung braucht Abklärung. Insofern will der Band Probleme sichtbar machen, zu ihrer sachlichen Klärung beitragen und Perspektiven eröffnen. Durchweg werden Verbindungen zur Diskussion über Schule, Lehrerberuf und Unterricht in Deutschland hergestellt. Die Texte wenden sich nicht primär an das wissenschaftliche Fachpublikum im engeren Sinne, an die Spezialisten für Unterrichtsforschung, Metaanalyse etc., sondern an Lehrkräfte und Lehramtsstudierende, an die Verantwortlichen in der Lehrerbildung und Lehrerberuf sowie an die an Bildungsfragen interessierte Öffentlichkeit. In allen Beiträgen wird ein inhaltlich und methodisch differenziertes Bild gezeichnet und eine entsprechend abgewogene Einschätzung formuliert; keineswegs geht es um pauschale Ablehnung oder kritiklose Adaption. Bei der Gestaltung der Beiträge wurde besonderer Wert auf Verständlichkeit und auf die Frage nach der praktischen Anwendung gelegt, und zwar mit Blick auf ein Publikum, das eben gerade nicht mit den konzeptionellen und methodischen Finessen der empirischen Unterrichts- und Schulforschung vertraut ist.

Nach einigen einführenden Beiträgen, die sich kritisch-würdigend mit der Methodik und Intention von *Visible Learning* befassen, wird am Beispiel der Themen Didaktik und Unterricht, Schulstrukturen, Kooperatives Lernen und mit Blick auf die Fächer Mathematik und Geschichte gezeigt, wie sich die Befunde in *Visible Learning* auf konkrete schulpädagogische und (fach-)didaktische Fragestellungen anwenden lassen. Ein abschließender und weiterführender Beitrag verdeutlicht die Übersetzungs- und Interpretationsprobleme der Hattie-Studie in Deutschland.

Insgesamt wird deutlich: John Hatties Studie ist dann ein nützliches Instrument, wenn man seine Leistungen und Grenzen einzuschätzen weiß und in reflektierter und kreativer Weise damit umgeht. Kurzschlüssige Folgerungen aus einzelnen Befunden Hatties zu ziehen ist dagegen irreführend, ja gefährlich – und keineswegs im Sinne des Autors.

Münster, im Januar 2014
Ewald Terhart

Ewald Terhart

Der Heilige Gral der Schul- und Unterrichtsforschung – gefunden?

Eine Auseinandersetzung mit *Visible Learning*[1]

Visible Learning von John Hattie gehört gegenwärtig zweifellos zu den meistdiskutierten Arbeiten zur empirischen Schul- und Unterrichtsforschung. Wie geht Hatties in seiner Studie vor? Was sind seine zentralen Botschaften? Wo sind die Grenzen seiner wahrhaft monumentalen Sammel- und Ordnungsleistung?

Der neuseeländische Bildungsforscher John Hattie hat mit *Visible Learning* (2009) eine Monografie vorgelegt, die einen Meilenstein in der Debatte um die Voraussetzungen und Bedingungen erfolgreichen Lernens in der Schule darstellt. Es handelt sich um eine einzigartige Leistung, denn eine derart breite Aufarbeitung der Forschung zu den Bedingungen schulischen Lernerfolgs hat es bislang noch nicht gegeben: Auf der Basis der Auswertung von mehr als 800 Metaanalysen, in die insgesamt mehr als 52.637 Einzelstudien eingegangen sind, geht es auf 378 sehr eng bedruckten Seiten um die Frage, welche Faktoren schulisches Lernen mehr oder weniger stark beeinflussen. Das Literaturverzeichnis umfasst ca. 1.700 Titel. Durch Auswertung der Datenbasis destilliert Hattie die Effektstärke von 138 Einzelfaktoren für schulischen Lernerfolg heraus, die er in 6 thematische Gruppen ordnet: Lernende, Familie, Schule, Lehrpersonen, Lehrpläne, Unterricht. Unabhängig von dieser Gruppierung bringt er alle 138 Einzelfaktoren nach der Stärke ihres Effekts in eine Rangreihe. Hatties Buch, das seiner Auskunft nach auf eine 15-jährige Arbeit zurückgeht, ist in der englischsprachigen Fachwelt intensiv aufgenommen worden. Im November 2008 war im *Times*

1 Der Beitrag ist zuerst erschienen in: E. Keiner u.a. (Hrsg.): *Metamorphosen der Bildung. Historie – Empirie – Theorie. Festschrift für Heinz-Elmar Tenorth*. Bad Heilbrunn: Klinkhardt 2011, S. 277-292. Er wurde für die Veröffentlichung in diesem Diskussionsband gekürzt. Die englischsprachige Fassung erschien als: *Has John Hattie really found the Holy Grail of research on teaching? An extended review of Visible Learning*. In: Journal of Curriculum Studies 43 (2011), 3, S. 425–438.

Education Supplement zu lesen, dass Hatties Suche nach den Erfolgsbedingungen schulischen Lernens am ehesten mit der Suche nach dem „Heiligen Gral" zu vergleichen sei. Die *Visible Learning Laboratories* der Universität Auckland/Neuseeland (deren Direktor John Hattie ist …), weisen auf ihrer Homepage recht unbescheiden darauf hin, dass die Suche nunmehr beendet sei: Education professor delivers "Holy Grail" …[2]

- Um der Neugierde der Leserinnen und Leser gleich hier entgegenzukommen: Von den 6 genannten Faktoren*gruppen* ist „Lehrperson" die effektstärkste. Die 3 effektstärksten *Einzel*faktoren sind: Selbsteinschätzung des Leistungsstandes durch Lernende, die Fundierung des Unterrichts auf dem Piaget'schen Ansatz der Kompetenzstufen, die ständige Erhebung und Bereitstellung von Informationen zum individuellen Lernfortschritt der Lernenden an die Lehrpersonen und an die Lernenden.
- Die schwächsten i. S. v. wirkungslosesten Faktoren sind jahrgangsübergreifender Unterricht, die Verfügung der Lernenden über ihr eigenes Lernen sowie die Gegenüberstellung von offenem und traditionellem Unterricht.
- Die negativsten, das heißt am stärksten den Lernerfolg behindernden Faktoren sind Sitzenbleiben, Fernsehen und familiale Mobilität (Umzug).

Im Folgenden möchte ich eine genauere Analyse der Vorgehensweise und der Ergebnisse der Analysen Hatties durchführen. Dabei geht es jedoch nicht nur um die Überprüfung von metaanalytischen Schritten und die Erörterung der Stabilität und Plausibilität der erhaltenen Ergebnisse etc. Hattie hat seine Analyse der empirischen Forschung zu den Bedingungen schulischen Lernens in theoretische Kontexte eingeordnet, man könnte sagen: in eine bestimmte Theorie des Unterrichts, des Lernens der Schülerinnen und Schüler und der Arbeit der Lehrpersonen. Diese Kombination von breitester empirischer Fundierung *und* theoretischer Kontextuierung macht die Arbeit von Hattie besonders interessant für die Diskussion um das Verhältnis von allgemeiner Didaktik und empirischer Unterrichts- und Schulforschung und bildet eine wichtige Anschlussstelle für bildungstheoretische Argumentationen.

Ich gehe zunächst auf Hatties Methode der Bündelung von Effektstärken ein und beschreibe und diskutiere im Anschluss hieran sein Verständnis von Unterricht. Besondere Beachtung verdienen die Ergebnisse zum Faktor

2 http://www.visiblelearning.co.nz/asttle/pageloader.sapx?page=1184d123d0d0 (Zugriff: 23.03.2010).

„Lehrperson" sowie Hatties Modellierung des guten Lehrers. Im letzten Abschnitt werden Hatties Ergebnisse und Vorschläge zusammenfassend diskutiert und bewertet, denn schließlich muss ja die Frage beantwortet werden, ob er denn nun tatsächlich den Heiligen Gral der Unterrichtsforschung gefunden hat! Eine Einschätzung der Bedeutung und Zukunft von Metaanalysen schließt den Gedankengang ab.

Methode

Hatties Meta-Metaanalyse fasst die Ergebnisse der Forschungsübersichten nicht in „literarischer" Weise zusammen, sondern bezieht sich auf die teils in den Untersuchungen und Metaanalysen ausgewiesenen, teils von ihm selbst zusammengefassten Daten zur Effektstärke *(effect size)*. Dieser statistische Kennwert vermittelt – ergänzend zur Signifikanz bzw. zum Signifikanzniveau – zusätzliche Informationen: statistische Signifikanz drückt bekanntlich aus, dass ein bestimmtes Ergebnis nicht zufällig zustande gekommen ist. Ist etwa die Differenz zwischen den Mittelwerten von Experimental- und Kontrollgruppe auf dem Niveau von $p < 0.05$ (schwach) signifikant, so bedeutet dies, dass dann, wenn man diese Untersuchung 100-mal durchführen würde, nur bei 5 dieser Untersuchungen die erhaltenen Differenzen noch durch Zufall erklärt werden könnten, die Differenzen bei 95 Untersuchungen aber überzufällig, das heißt systematisch wären. Es liegt also ein Effekt vor. Wie groß und wie praktisch bedeutsam er jedoch ist, weiß man damit noch nicht.

Die Effektstärke d drückt demgegenüber die Stärke und vor allem: praktische Bedeutsamkeit eines Ergebnisses, zum Beispiel einer Mittelwertdifferenz, aus. Hat etwa ein bestimmter Einflussfaktor auf die Schülerleistung eine Effektstärke von $d = 1.0$, so bedeutet dies, dass aufgrund dieses Faktors die durchschnittliche Leistung der erfassten Gruppe um eine Standardabweichung steigt. Führt man diesen Faktor mit $d = 1.0$ neu in den Unterricht ein, würden diejenigen Lernenden, die an diesem Programm teilnehmen, im Durchschnitt oberhalb von 84 % derjenigen Lernenden liegen, die an dem Programm nicht teilnehmen. Insofern ist eine Effektstärke von 1.0 ein in der Tat sehr starker Effekt. Hattie weist auf eine von Cohen (1988) verwendete Analogie hin: Bei der menschlichen Körpergröße bedeutet $d = 1.0$ einen Unterschied zwischen einer Person, die 160 cm groß ist, und einer anderen, die 183 cm groß ist: ein massiver, sofort sichtbarer Unterschied. – Überflüssig zu sagen, dass Effektstärken keine Kausalität ausdrücken!

Für seine Zwecke beurteilt Hattie eine Effektstärke von 0.2 als klein, von 0.4 als mittelmäßig und ein *d* oberhalb von 0.6 als groß. Die von ihm für 138 untersuchte Faktoren ermittelten Effektstärken schwanken zwischen –0.61 (ein sehr starker negativer Effekt) und +2.0 und größer (ein extrem starker positiver Effekt). Der allergrößte Teil der dokumentierten Effektstärken liegt allerdings zwischen –0.05 und +0.8. Übrigens sind 95 % aller Effektstärken positiv. Das bedeutet: fast alles wirkt positiv, aber unterschiedlich stark! Etwa die Hälfte der 138 untersuchten Faktoren weist eine Effektstärke von größer als 0.4 auf, der andere Teil liegt darunter. Hattie setzt aus verschiedenen Gründen die Grenze, ab der man einen Faktor als ernsthaft und als solchen erkennbar wirksam ansehen kann, bei $d = 0.4$ fest. Dies ist für ihn die kritische Schwelle, die überschritten sein muss, damit man von erkennbaren Effekten einzelner Faktoren sprechen kann. Denn der *allgemeine* Effekt von Erziehung, Schule, Unterricht und Lehrerarbeit ist ja ebenfalls anzurechnen; besonders wirksame einzelne Faktoren müssen also oberhalb von 0.4 liegen. Alles zusammen bis $d = 0.4$ drücke gewissermaßen den Effekt *der Existenz* von Schulen, Unterricht und Lehrerberuf *an sich* aus.

Bei der Aufbereitung der Effektstärken verschiedenster Faktoren, die die Leistung von Lernenden beeinflussen, nimmt Hattie – wie erwähnt – eine Einteilung in sechs Faktorengruppen vor: Lernende, Familie, Schule, Lehrpersonen, Lehrpläne, Unterricht. Tab. 1 verdeutlicht den Materialumfang der Studie sowie die zusammengefassten Effektstärken der genannten sechs Faktorengruppen.

Faktorenbündel	Anzahl Metaanalysen	Anzahl Studien	Anzahl Lernende	Anzahl Effekte	*d*
Lernende	139	11101	7513406	38287	0.40
Familie	36	2211	11672658	5182	0.31
Schule	101	4150	4416898	13348	0.23
Lehrpersonen	31	2225	402325	5559	0.49
Lehrpläne	144	7102	6899428	29220	0.45
Unterricht	365	25860	52128719	55143	0.42
Summe	816	52649	83033433	146626	–
Durchschnitt	–	–	–	–	–0.40

Tab. 1: Durchschnittliche Effekte der wichtigsten Determinanten schulischen Lernens (Hattie 2013, S. 22, gekürzt)

Auf der Ebene der Faktorengruppen weist „Lehrpersonen" die größte Effektstärke auf (0.49), die geringste kommt „Schule" zu (0.23). Hattie kommentiert dies wie folgt: Nimmt man zwei Lernende der gleichen Leistungsfähigkeit, so ist es für ihr weiteres schulisches Lernen weniger wichtig, zu welcher Schule sie gehen. Der Einfluss der Lehrpersonen, des Lehrplans und des Unterrichts ist demgegenüber stärker.

Die 815 Metaanalysen, auf die Hattie sich stützt, stammen zum allergrößten Teil aus den 1980er und 1990er Jahren; ein etwas kleinerer Teil wurde nach 2000 publiziert. Die älteste ist von 1980, die jüngste von 2008. Wenn man bedenkt, dass in die Metaanalysen dominierend Einzelstudien eingegangen sind, die ca. 5 Jahre alt sind, so ist der größere Teil der originären Datenbasis doch schon ziemlich betagt. Vielleicht ist dies mit ein Grund dafür, dass zum Beispiel die Studien zu den Effekten des fach- und fachdidaktischen Wissens von Lehrenden noch nicht eingegangen sind: Hier ist gegenwärtig nämlich ein anders Bild zu zeichnen, als Hattie dies tut. Dies gilt auch für die Studien zu den Effekten von Lehrerbildung und ihren Komponenten.

Auffällig ist, dass Hattie keine genaue Auskunft zu der Frage der Qualitätsstandards gibt, die er anlegt, wenn er eine Einzelstudie bzw. eine Metaanalyse in seine Meta-Metaanalyse aufnimmt. Üblicherweise verwenden die Autoren von Metaanalysen viel Energie und Aufwand für die Beantwortung dieser Frage, denn von der Striktheit der Zulassungskriterien hängt am Ende natürlich der Wert bzw. die Überzeugungskraft der erhaltenen Ergebnisse ab. Vermutlich zieht Hattie alle greifbaren Metaanalyen heran; jede von diesen hat unterschiedlich strenge Zulassungskriterien für die Einzelstudien, die in sie eingehen. Auf diese Weise gehen in seine Berechnung der gebündelten Effektstärke der 138 Faktoren Einzelstudien bzw. Metaanalysen sehr unterschiedlicher Qualität ein, wobei das Spektrum von experimentellen Studien bis hin zu sehr weit gehaltenen, weniger kontrollierten Survey-Studien reichen kann. Auf diese Weise ist der schiere *Umfang* der empirischen Basis überaus beeindruckend, zugleich aber die *Qualität* ihrer unterschiedlichen Zonen und Kleinzonen – vorsichtig formuliert – vermutlich sehr unterschiedlich. Hierüber erfahren die Leserinnen und Leser jedenfalls nichts.

Unterricht

In dem Kapitel mit der Überschrift *Visible Teaching and Visible Learning*, das dem Bericht über die Ergebnisse der Metaanalyse vorangestellt ist, stellt Hattie die Konsequenzen seiner Analyse für den Unterricht sowie für das Lehrerhandeln vor. Die *overall message* lautet: Unterricht ist dann erfolgreich, wenn Lehrende das Lernen mit den Augen der Lernenden sehen und Lernende sich selbst als ihre eigenen Lehrerinnen und Lehrer betrachten. Oder mit Hatties Worten:

> „Am wichtigsten ist, dass das Lehren für die Lernenden sichtbar ist und dass umgekehrt das Lernen für die Lehrperson sichtbar ist. Je mehr die Lernenden zur Lehrperson werden und je mehr die Lehrperson zum bzw. zur Lernenden wird, desto ertragreicher sind die Outcomes. […] Das Modell des sichtbaren Lehrens und Lernens kombiniert lehrerzentriertes Lehren und schülerzentriertes Lernen, statt beide gegeneinander auszuspielen." (Hattie 2013, S. 31; deutsche Fassung)

Diese Formulierung enthält *in nuce* Hatties Unterrichtstheorie. Sie umschließt sowohl eine Theorie des Schülerlernens als auch eine Theorie des Lehrerhandelns im Unterricht. Eine besondere Rolle spielt hierbei das *Sehen*, genauer: die Perspektive bzw. Perspektivenübernahme. Für Lehrpersonen wie Lernende kommt es darauf an, ein auf sich selbst zentriertes Sehen, eine selbstzentrierte Perspektive zu überwinden: Lehrpersonen müssen die Perspektive ihrer Lernenden einnehmen können, und Lernende müssen sich als ihre eigenen Lehrer betrachten. Die Betonung dieser spezifischen Arten zu sehen erklärt den Titel *Visible Learning*, der in knapper Form nicht sinngerecht ins Deutsche zu übertragen ist: Eine Wendung wie „sichtbares Lernen" geht am Gemeinten vorbei. Die Übersetzer der deutschen Ausgabe (Hattie 2013), W. Beywl und K. Zierer, haben sich für „Lernen sichtbar machen" entschieden. Das ist eine gute Übertragung. Sinngerecht, aber sehr viel umständlicher wäre „Explizites Unterrichten – aktives Lernen".

Auf der Basis der analysierten Studien zeichnet Hattie ein Bild der aktiven, verantwortlichen, sowohl direktiven als auch sich – bei entsprechender Situation – zurückhaltenden Lehrperson, der sich in sehr genauer Kenntnis der Lernvoraussetzungen und Lernprozesse ihrer Schülerinnen und Schüler immer wieder für ihre berufliche Aufgabe zu interessieren und zu engagieren vermag. Das Hineinbringen von Lernenden in inhaltsbezogenes Lernen, Probieren, Denken und Urteilen ist der entscheidende Punkt – nebenbei bemerkt: wahrlich keine besonders grundstürzende didaktische Entdeckung! Faktum ist aber gleichwohl, dass genau dies in allzu vielen Unterrichtsstunden bei einem allzu großen Teil der physisch anwesenden Lernenden eben nicht gelingt. Hatties ideale Lehrperson kann sich in ihre Schülerinnen und Schüler hineinversetzen und die Lernaufgaben und Lernschwierigkeiten „mit den Augen der Schüler" wahrnehmen. Diese Lehrperson ist vor allem daran interessiert, sich selbst Informationen und Rückmeldungen über die Folgen seines didaktischen Handelns zu beschaffen. Die kontinuierliche Kontrolle der Wirksamkeit des eigenen Tuns ist die Schlüsselbedingung für erfolgreiche, das heißt sich selbst ständig nachsteuernde didaktische Arbeit. Aber nicht nur die Rückmeldung *an sich selbst* ist wichtig. Ebenso ist es von entscheidender Bedeutung, dass und wie eine Lehrperson Rückmeldungen *an ihre Schülerinnen und Schüler* gibt und auf diese Weise deren Lernen begleitet.

Diesem Bild der engagierten, hoch aktiven Lehrperson entspricht eine Modellierung des Lernenden, der sein eigenes Lernen zu beobachten, bewerten und verbessern versteht. Die metakognitive Perspektive beinhaltet den Blick auf das eigene Lernen, den eigenen Lernfortschritt, die eigenen Lernschwierigkeiten und -defizite. Beide – Lehrende wie Lernende – müssen Lernen *sehen*, das heißt erkennen können, es muss für beide sichtbar, *visible* werden. Aus diesen Ideal-Bildern resultiert die Notwendigkeit einer positiven Lehrer-Schüler-Beziehung, weil letztlich beide gemeinsam an dem einen Produkt – Lernen – zu arbeiten haben. Und Lernen meint hier nicht nur das Lernen der Schülerinnen und Schüler mit Blick auf die Sache sowie auf sich selbst als Lernenden, sondern auch das Lernen des Lehrers über sein eigenes didaktisches Handeln.

Hattie wendet sich gegen konstruktivistische Didaktik:

> „Konstruktivismus wird zu oft im Sinne eines schülerzentrierten, forschenden Lernens, problem- und aufgabenbasierten Lernens gesehen und dann in der Fachwelt mit Begriffen wie ‚authentisches', ‚entdeckendes', und ‚intrinsisch motiviertes Lernen' belegt. Es wird gesagt, dass die Rolle der konstruktivistischen Lehrperson vor allem darin liege, Gelegenheiten für einzelne Lernende zu schaffen, dass diese durch eigene Aktivität und durch Diskussion, Reflexion und Austausch von Einfällen mit anderen Lernenden Wissen erwerben und Bedeutung konstruieren können, und dass all dies mit minimaler korrigierender Intervention verbunden ist […]. Solche Aussagen sind aber fast das genaue Gegenteil eines erfolgreichen Rezepts für Lehren und Lernen, wie es in den folgenden Kapiteln entfaltet wird, zu den

Rezepten für erfolgreiches Unterrichten und Lernen, die ich in meinem Buch entwickle."

(Hattie 2013, S. 32)

Lehrpersonen

Natürlich – auf die Lehrerinnen und Lehrer kommt es an („teachers matter", „teachers make a difference" …)! Aber genauer muss man sagen: Nur *bestimmte* Lehrpersonen mit bestimmten *Verhaltens*weisen sind hochwirksam: „Was ‚einige' Lehrpersonen tun, ist wichtig – insbesondere was jene tun, die auf besonders überlegte und sichtbare Weise lehren" (Hattie 2013, S. 28). Aber nicht alle sind Expertinnen und Experten, viele sind durchschnittlich, und manche auch unterdurchschnittlich. Dadurch wird deutlich, dass es positiv wie negativ auf die Lehrperson ankommt. Eine solche, Positives wie Negatives zusammenfassende Betrachtung ist übrigens immer dann gemeint, wenn es heißt, der Faktor „Lehrperson" erkläre diesen oder jenen Anteil der Varianz der Lernleistungen der Lernenden (ebda., S. 128 ff.) – Ein entscheidender Punkt für die Wirksamkeit einer Lehrperson scheint die Einschätzung der Qualität ihres Unterrichts durch die Lernenden zu sein (ebda., S. 42). Und hierfür wiederum spielt für die Lernenden die Fähigkeit einer Lehrperson, sie in das Lernen hineinzubringen, die entscheidende Rolle. In einigem Abstand hierzu kann man weitere Wirkfaktoren nennen: Die Erwartungen von Lehrpersonen an die Leistung und das Leistungsvermögen ihrer Lernenden sowie ihre subjektive Unterrichtstheorie, ihr Verständnis von und Überzeugungen zu Unterricht und Schülerlernen.

Nye/Konstantopoulos/Hedges (2004) kommen in ihrer Metaanalyse zu dem Schluss, dass der Faktor „Lehrperson" (und der schließt gute, mittlere und schlechte Lehrende ein!) zwischen 8 und 21 % der Varianz der Lernleistungen der Lernenden erklärt. Dem korrespondiert eine durchschnittliche Effektstärke von $d = 0.32$, welche anzeigt, dass die Steigerung der Lehrerleistung um eine Standardabweichung die Lernleistung der Schülerinnen und Schüler um 1/3 Standardabweichung erhöhen würde (Hattie 2009, S. 108). Der Lehrerfaktor wirkt übrigens im Mathematikunterricht deutlich nachhaltiger als beim Lesenlernen. Für Kinder in Schulen in einem schwierigen sozialen Umfeld ist es deutlich entscheidender, ob sie von einer guten oder einer schlechten Lehrperson unterrichtet werden, als für Kinder in Schulen in einem besser situierten, bildungsnahen Umfeld. Die Dauer der Berufserfahrung einer Lehrperson sowie die Art ihrer Ausbildung[3] wirken sich nicht erkennbar aus, ebenso – überraschenderweise – nicht das Ausmaß des Fachwissens der Lehrpersonen. Die Unterschiede zwischen regulär qualifizierten Lehrpersonen und solchen mit Not-, Teil- und Sonderqualifikationen etc. sind nicht dramatisch, weisen aber alles in allem sehr leichte Vorteile für das regulär qualifizierte Personal aus. Interessant ist der Hinweis auf eine Studie, in der die Wirkung *besonders schlechter* und *besonders guter* Lehrpersonen untersucht worden ist (Sanders/Rivers 1996). Bei Ersteren entwickelt sich die Schülerleistung um durchschnittlich 14 Perzentilpunkte, bei Letzteren um 52 Perzentilpunkte. Die Auswirkungen des Unterrichts durch solche wirklich schlechten Lehrpersonen zeigten sich noch Jahre später. Die Konsequenz ist bemerkenswert: „Wenn jemand die Leistungen der gesamten Schülerschaft ernsthaft steigern will, so geht das nur, indem man die Wahrscheinlichkeit reduziert, dass Schüler auf relativ ineffektive Lehrer treffen können.“ (Sanders 2000, S. 335) Oder anders formuliert: Man muss die Wahrscheinlichkeit erhöhen, dass möglichst viele Schülerinnen und Schüler auf möglichst lernwirksame Lehrkräfte treffen.

Die Rangreihe der Wirkfaktoren *innerhalb* der Faktorengruppe „Lehrpersonen“ stelle sich folgendermaßen dar (Hattie 2013, S. 131; umgestellt):

Lehrperson	Anzahl Metaanalysen	Effektstärke *d*
Microteaching	4	0.88
Klarheit der Lehrperson	1	0.75
Lehrer-Schüler-Beziehung	229	0.72
Lehrerfort- und -weiterbildung	5	0.62
Nichtetikettieren von Lernenden	1	0.61
Qualität der Lehrperson (aus Schülersicht)	5	0.44
Lehrperson-Erwartungen	8	0.43
Lehrpersonen-Effekte	1	0.32
Lehrerbildung	3	0.11
Fachkompetenz	2	0.09

Tab. 2: Die stärksten Faktoren im Zusammenhang mit der Lehrperson

Insgesamt sind nach Hattie diejenigen Lehrpersonen wirksam, die aktivierende Unterrichtsmethoden anwenden, die hohe Erwartungen an alle ihre

3 http://www.visiblelearning.co.nz/asttle/pageloader.sapx?page=1184d123d0d0 (Zugriff: 23.03.2010).

Schüler haben und denen es gelingt, eine positive Lehrer-Schüler-Beziehung aufzubauen. Hattie schließt hier die – inhaltlich zutreffende, aber zugleich triviale – Bemerkung an, dass etwa die Hälfte der Lehrenden über dem Durchschnitt liege, die andere Hälfte darunter. Es sollte jedoch nicht weiterhin der jährlichen Lotterie überantwortet werden, ob man als Schülerin oder Schüler nun von einer über- oder unterdurchschnittlichen Lehrperson unterrichtet würde.

Es ist erhellend, näher auf die spezifische Modellierung der Lehrertätigkeit einzugehen, die Hattie auf der Basis seiner Analysen vollzieht. Er stellt die *Lehrperson als Herausforderer (teacher as activator)* der *Lehrperson als Erleichterer (teacher as facilitator)* gegenüber; diese Modellierung entspricht seiner weiter oben erwähnten Kritik an einer konstruktivistischen Orientierung der Didaktik (Hattie 2009, S. 243; Hattie 2013, S. 287).

Lehrperson als Herausforderer *(activator)*	***d***
Reziprokes Lehren	0.74
Feedback	0.72
Lautes Denken, Selbstverbalisierung	0.67
metakognitive Strategien	0.67
Direkte Instruktion	0.59
herausfordernde Ziele	0.56
Taktung von Leistungstests	0.46
Verhaltensziele	0.41
durchschnittliche Effektstärke	**0.60**

Lehrperson als Erleichterer *(facilitator)*	***d***
Simulationen und Spiele	0.32
Forschendes Lernen	0.31
Reduktion der Klassengröße	0.21
Individualisierung	0.20
problemorientierter Unterricht	0.15
netzbasiertes Lernen	0.09
ganzheitliches Lesenlernen	0.06
induktiver Unterricht	0.06
durchschnittliche Effektstärke	**0.17**

Tab. 3: Effektstärken für Lehrpersonen als Herausforderer und Lehrpersonen als Erleichterer[4]

Die Ergebnisse zeigen, dass aktiver, gelenkter Unterricht, der die Lernenden in ein recht enges Korsett von klaren Anforderungen, direktivem Unterricht und ständiger Lernkontrolle bzw. Ergebnisrückmeldung einspannt, effektiver ist als ungeleiteter, erleichternder Unterricht, der auf induktive Problemlösungsprozesse setzt und eigenständige Lösungswege etc. zulässt. In diesem Zusammenhang geht Hattie noch einmal auf den didaktischen

4 Beywl und Zierer übersetzen Hatties Begriffspaar „*activator*" und „*facilitator*" mit „Regisseur" und „Moderator". Das halte ich nicht für gelungen. Für *activator* passt in diesem Kontext m.E. besser „Herausforderer", auch im Sinne von „in Gang bringen, aktivieren"; für *facilitator* passt besser „Erleichterer" mit einer Assoziation zu „fördern". In der deutschen Übersetzung (2013) werden andere durchschnittliche Effektstärken ausgewiesen: *activator:* $d = 0.59$; *facilitator:* $d = 0.23$.

Konstruktivismus ein und beurteilt die Bedeutung der Arbeitsplatzbedingungen von Lehrpersonen: Konstruktivismus ist nach Hattie „eine Form der Erkenntnis, und keine Form des Lehrens. Es ist wichtig, dass man die Konstruktion nicht mit der aktuellen Modeerscheinung des Konstruktivismus verwechselt …" (Hattie 2013, S. 287).

Ist Lernen Konstruieren, dann entspricht dem nach Hattie ein direktes, aktives Unterrichten. Konstruktivistisches Denken passt zur Lehrperson nur insofern, als sie sich ein Modell ihres Unterrichtens konstruiert sowie ein Modell des Lernens der Schülerinnen und Schüler. Aus dem Konstruktivismus folge jedoch gerade nicht, dass man sich als Lehrperson zurückziehen könne. – Ebenso formuliert Hattie ein klares Urteil über das Verhältnis von Faktoren auf der Ebene unmittelbaren Unterrichtshandelns einerseits und Arbeitsplatzstrukturen andererseits. Erstere weisen ein *d* von 0.65, die Arbeitsplatzbedingungen eines von 0.08 auf. Hiermit wird noch einmal deutlich, dass Lernergebnisse der Lernenden sehr viel stärker von Unterrichtsfaktoren als von Schulfaktoren beeinflusst werden (ebda., S. 288).

Diskussion

Hatties Buch basiert auf einer monumentalen Auswertungs- und Systematisierungsleistung. Eine solche umfassende und zusammenfassende, synthetisierende Sicht auf die *empirische Schul-, Lehrer- und Unterrichtsforschung* im Rahmen des Prozess-Produkt-Paradigmas hat es meines Wissens bisher nicht gegeben. Die sehr breite Perspektive, die Hattie zugrunde legt, seine entschlossene Art der Bündelung von bereits mehrfach Gebündeltem, seine (allerdings nicht im Einzelnen nachzuvollziehende) Methode der Berechnung von (kumulierten) Effektstärken, seine optisch ansprechende Art der Präsentation jeder Effektstärke durch das „Barometer", seine die Flut der Effektstärken sprachlich synthetisierenden Erläuterungen, seine prägnanten Quintessenzen – dies alles macht das Buch zu einer wahren Fundgrube für interessierte Forschende und vermittelt sowohl Theoretikerinnen und Theoretikern wie Praktikerinnen und Praktikern des Unterrichts wichtige empirische Resultate und weiterführende Anregungen.

In dieser kompilatorischen und synthetisierenden Leistung des Buches liegt zugleich der Keim für seine Schwäche, denn die Konzentration auf diejenigen Faktoren, die sich in quantitativ-empirischer Forschung als wirksam für die messbare Steigerung der Lernleistung der Lernenden erweisen, führt zum Ausschluss derjenigen Faktoren, die andere Effekte von Schule und Unterricht bewirken. Insofern erlaubt Hatties Zusammenstellung von Ergebnissen nur das zu sehen, was eben zu sehen ermöglicht wird. Dieses Dilemma, demzufolge man zunächst einmal nur dort suchen kann, wo Licht ist (um dann allmählich das Licht weiter auszudehnen), die entscheidenden Dinge aber woanders und noch im Dunklen liegen könnten, ist Hattie natürlich bekannt.

In einer Hinsicht bietet das Buch keine Überraschungen: Viele der wirkmächtigen Faktoren waren bereits als solche bekannt. *Time on task* kommt allerdings erst auf Platz 70 (d = 0.38); Lehrpersonen-Effekte *(teacher effects)* liegen auf Platz 85 (d = 0.32). Klassengröße – man wusste es bereits – wirkt sich kaum aus (Platz 106, d = 0.21), Bildung von leistungshomogenen Gruppen: Platz 121, d = 0.12; Lehrerbildung insgesamt Platz 124; d = 0.11. Auch jahrgangsübergreifender Unterricht scheint mit einem d von 0.04 praktisch keinen Effekt zu haben.

Die stärker auf das Unterrichts- und Lehrerbild bezogene Kritik weist darauf hin, dass Hattie einen lehrerzentrierten, im Kern hochgradig direktiven Unterricht propagiere, der im Wesentlichen von ständigen Leistungskontrollen geprägt sei, deren Ergebnisse ununterbrochen an Lehrende und Lernende zurückzugeben seien. Diese – wie es in der neuseeländischen Hattie-Kritik heißt – Amerikanisierung der (neuseeländischen) Klassenzimmer unterdrücke kreative, den Lernenden Raum gebende entdeckende Unterrichtsweisen, die aus der Praxis selbst entstanden seien. Kurzum: Das gesamte Repertoire im weitesten Sinne reformpädagogischer Argumente wird gegen den als technokratisch, administrationsnah und produktionistisch bezeichneten Ansatz Hatties in Stellung gebracht. Da diese Argumentationsmuster auch im deutschsprachigen Raum im Zusammenhang mit Leistungsvergleichen, Bildungsstandards, kompetenzorientierter Lehrerbildung etc. hinreichend bekannt und oft genug wiederholt worden sind, brauchen sie hier nicht noch einmal ausführlich kommentiert werden: Die Frontlinien sind international wie national sehr ähnlich.

Hatties Analyse der empirischen Basis führt ihn zur Favorisierung eines modernisierten und verfeinerten, aber im Grundsatz *vom Lehrenden und seinen Lehrzielen beherrschten, aber gleichwohl am Schülersubjekt orientierten Unterricht.* Beurteilt man es innerhalb des vom Bild undurchdringlicher Macht und Herrschaft faszinierten, ja geradezu selbst „beherrschten"

Foucault'schen Denkens, so kann man Hatties Unterrichtskonzept, nicht zuletzt aufgrund seiner ständigen Betonung des wechselseitigen unterbrochenen Sehens, Beobachtens und Beobachtetwerdens der Akteure, nur als verfeinerte Machttechnik bewerten. Dazu passt, dass er zur Visualisierung seines Unterrichts- und Lernverständnisses das Bild eines großen Auges heranzieht (Hattie 2013, S. 281).

An Hatties Buch scheint mir besonders eine spezielle Mischung der Stilformen bemerkenswert zu sein. Das Buch beinhaltet einerseits recht trockene, gleichsam mechanisch präsentierte, weit verzweigte Forschungsergebnisse. Es ist in der Tat zum Teil sehr mühsam, den Bericht über die 138 behandelten Einzelfaktoren Faktor für Faktor sukzessiv durchzulesen. Solche anteilig dominierenden Passagen werden jedoch glücklicherweise von eher literarisch gehaltenen, sogar emphatisch-optimistischen Passagen über guten Unterricht und vor allem: über das Bild guter Lehrerarbeit, unterbrochen und eingerahmt. Hier wird dann ein geradezu schäumender Optimismus, ein tiefer (amerikanischer?) Glaube an die Erreichbarkeit von Erfolg vermittelt, der die Leserinnen und Leser angesichts der über viele Seiten hinweg ausgebreiteten trockenen, zum allergrößten Teil eher skeptisch bis pessimistisch stimmenden Daten nur staunen lässt. Natürlich ist in Pädagogen- und Lehrerkreisen das Gegenstück zum bekannten pädagogischen Kleinmut, die pädagogische Euphorie, eine immer wieder auftretende Erscheinung. Bei Hattie, aber auch bei vielen anderen Autoren, kommt sie in Gestalt eines eher psychologisch fundierten Glaubens an die unendliche Steigerbarkeit des Lernens und die Beförderung des Lernens durch das richtige, gute Lehrerhandeln daher.[5]

Die Betonung der aktiven, sich verantwortlich fühlenden, die Wirkung ihres Tuns genau beobachtenden und den Lernenden ständig Rückmeldung gebenden Lehrperson formuliert eine modernisierte, „evidenzbasierte" Variante des idealistischen Lehrerbildes, die von einer Mischung aus unbedingtem Wissenschaftsglauben und kontinuierlicher Emphatie lebt. Es beinhaltet zweitens eine Absage an eine naiv- oder pseudokonstruktivistische

5 Im Rahmen einer Vortragspräsentation verwendet Hattie tatsächlich den Begriff des „totalen Lernens" – „total learning" (J. Hattie: Visible Learning, Tomorrow's Schools. The Mindsets that Make the Difference in Education. Visible Learning Labboratories. University of Auckland; Quelle: http://www.treasury.govt.nz/publications/media-speeches/guestlectures/pdfs/tgls-hattie.pdf; Zugriff: 12.10.2013). An genau diesem Punkt schlägt die Begeisterung für die Möglichkeiten des Lernens in einen Absolutheitsanspruch mit Drohpotenzial um. Was geschieht mit denen, die (etwas Bestimmtes) nicht (mehr) lernen wollen oder können?

Ausrichtung des Lehrerbewusstseins, das sich eher in der Beobachter- als in der Aktivator-Rolle gefällt. Durch dieses aktive, herausfordernde Lehrerbild rehabilitiert Hattie die dominante, redende Lehrperson – die aber ebenso auch genau weiß, wann sie zurücktreten und schweigen muss. Die Perspektive auf den Unterricht ist: lehrerzentriert. Im Zentrum steht eine Lehrperson, für die allerdings die Lernenden im Zentrum stehen. Sie muss *ihr* Lernen *sehen* können, um *ihr* Lehren daran orientieren zu können. Lernende wiederum müssen ihr eigenes Lernen *sehen* können und es mental begleiten, als wären sie selbst ihr eigener Lehrer (Selbstdidaktisierung); dabei werden sie von der Lehrperson beobachtet und unterstützt.

Literatur

Cohen, Jacob (1988): Statistical power analysis for the behavioural sciences. 2. Auflage. Hillsdale: Erlbaum.

Hattie, John A. C. (2009): Visible learning. A synthesis of over 800 meta-analyses relating to achievement. London, New York: Routledge. (Deutsche Übersetzung: Lernen sichtbar machen. Übersetzt von W. Beywl und K. Zierer. Baltmannsweiler: Schneider Hohengehren, 2013.)

Hattie, John (o. J.). Visible learning, tomorrow's schools. The mindsets that make the difference in education. Visible Learning Laboratories. University of Auckland. http://www.treasury.govt.nz/publications/media-speeches/guestlectures/pdfs/tgls-hattie.pdf (Zugriff: 12.10.2013).

Nye, Barbara/Konstantopoulos, Spyros/Hedges, Larry (2004): How large are teacher effects? In: Educational Evaluation and Policy Analysis, 26 (3), S. 237 – 257.

Sanders, William (2000): Value-added assessments from student achievement data. Opportunities and hurdles. Journal of Personnel Evaluation in Education, 14 (4), S. 329 – 339.

Sanders, William/Rivers, June (1996): Cumulative and residual effects of teachers on future student academic achievement. University of Tennessee: University of Tennessee Value-Added Research and Assessment Center.

Olaf Köller

What works best in school?

Hatties Befunde zu Effekten von Schul- und Unterrichtsvariablen auf Schulleistungen

John Hatties 2009 und 2012 publizierte Bücher haben zu einer breiten Diskussion über die Rolle von Unterricht und Professionswissen von Lehrkräften geführt. Im Gegensatz zu vielen bildungspolitischen Diskussionen über Strukturreformen im Bildungssystem weist Hattie eindrucksvoll darauf hin, dass Reformbemühungen sich weniger auf Rahmenbedingungen von Schule, sondern auf die Verbesserung von Unterricht beziehen sollten.

Mit der Publikation seines Buches *Visible Learning* hat John Hattie im Jahre 2009 eine Welle in Deutschland losgetreten, mit der er selbst vermutlich am wenigsten gerechnet hat. Seit Erscheinen des Buches werden die von Hattie zusammengetragenen Befunde hinsichtlich ihrer Implikationen für die Schule heftig diskutiert. Als empirischer Schul- und Unterrichtsforscher erntet man mittlerweile weit mehr Aufmerksamkeit, wenn man über Hattie schreibt, als wenn man seine eigenen Forschungsergebnisse publiziert. Inzwischen liegt sogar eine Übersetzung des Buches ins Deutsche vor, sodass die Inhalte auch der des Englischen nicht mächtigen Klientel nicht verborgen bleiben. Die Resonanz ist vielfältig: Einige Bildungsforscher bejubeln das Buch, interpretieren sie seinen Inhalt doch als klaren Beleg, dass guter Unterricht – verstanden als sehr stark durch die Lehrkraft gelenkt – große Effekte auf das Lernen hat. Sie benutzen es weiterhin als Argumentationshilfe, dass konstruktivistische und reformpädagogische Unterrichtsansätze nicht lernförderlich seien und eher aus dem Unterrichtsgeschehen verschwinden sollten. Andere Exegeten des Hattie-Buches verdammen es ob seiner technischen oder methodischen Mängel und führen an, dass man wegen erheblicher Kunstfehler und persönlicher Interessen Hatties nicht viel aus dem Buch schließen könne. Missbraucht man das Hattie-Buch nicht, um seine eigenen Vorurteile und Meinungen zu bestätigen, sondern bewertet man seinen Inhalt unter Berücksichtigung anderer Forschungsliteratur, so stellt man fest, dass sehr viele Aussagen, die Hattie aus der Sammlung vielfältigster Metaanalysen ableitet, ebenfalls in nicht von ihm berücksichtigten Primärstudien gefunden wurden und werden. Auch andere überblicksartige Sammlungen von Forschungsergebnissen (z.B. Gruehn 2000; Kirschner 2006; Meyer 2004; Walberg 2010) kommen *cum grano salis* zu identischen Aussagen über die Wirksamkeit von Unterricht bzw. arbeiten heraus, welche Unterrichtsmerkmale wirksam sind (in Bezug auf schulisches Lernen) und welche nicht.

In diesem Beitrag sollen die Kernbefunde aus der Hattie-Publikation erläutert werden. Arrondierend sollen Ergebnisse aus nationalen und internationalen Arbeiten ergänzt werden, die hinsichtlich ihrer Aussagen die zentralen Botschaften Hatties stützen. Dies soll helfen, den Eindruck zu vermeiden, dass Hatties Synthese der Forschungsbefunde selektiv oder gar tendenziös sei. Abschließend sollen Reflexionen angestellt werden, welche Konsequenzen sich aus den Befunden der empirischen Schul- und Unterrichtsforschung für die schulische Praxis ergeben.

Vorgehen und Kernbefunde bei Hattie

Im Gegensatz zu anderen Bildungsforschern hat Hattie für sein Buch *Visible Learning* keine eigenen Daten gesammelt, sondern über viele Jahre empirische Studien gesichtet, die in Metaanalysen zusammengefasst wurden. Forscherinnen und Forscher, die eine Metaanalyse durchführen, sammeln weltweit publizierte Studien, die sich mit der Frage beschäftigen, wie ein Merkmal A auf eine Variable B wirkt, beispielsweise, wie die Intelligenz einer Schülerin oder eines Schülers auf ihren oder seinen Lernerfolg im Fach Mathematik wirkt, um sie zusammenzufassen. Sie können das tun, indem sie sich einen Überblick über die Ergebnisse der Studien verschaffen und dann feststellen, ob es über alle Studien hinweg einen negativen Zusammenhang gibt (Schülerinnen/Schüler mit hoher Intelligenz lernen weniger), keinen Zusammenhang gibt (Lernerfolge sind unabhängig von der Intelligenz) oder einen positiven Zusammenhang gibt (Schülerinnen/Schüler mit hoher Intelligenz lernen mehr). Zur Quantifizierung des Zusammenhangs verrechnen die Metaanalytiker die Daten der Ursprungsstudien miteinander, das heißt für unser Beispiel: Sie verwenden statistische Methoden, um den Zusammenhängen zwischen Intelligenz und schulischer Leistung in allen Originalarbeiten nachzugehen, und berechnen dann so etwas wie einen mittleren Zusammenhang der beiden Variablen.

Als Maß für den mittleren Zusammenhang wird gern die Effektstärke *d* verwendet, die in vielen Schulleistungsstudien typischerweise zwischen –0.2 und +1.4 schwankt. Zur Einordnung dieser Effektstärke: Untersuchungen in der Sekundarstufe I zeigen, dass der Leistungszuwachs, der in einem Schuljahr in den Kernfächern Deutsch, Englisch und Mathematik erreicht wird, einem *d* von 0.3 bis 0.5 entspricht (vgl. Köller/Baumert 2012).

Hattie (2009) hat jetzt viele solcher Metaanalysen (über 800) zusammengetragen, die sich letztendlich alle mit Merkmalen beschäftigten, welche die Schulleistungen von Schülerinnen und Schülern fördern oder hemmen. In diesen 800 Metanalysen wurden die Ergebnisse aus über 50.000 Studien zusammengefasst, an denen mehr als 80 Mio. Schülerinnen und Schüler beteiligt waren. In seiner inzwischen erschienenen Veröffentlichung *Visible Learning for Teachers* (2012) sind es bereits 931 Metaanalysen geworden. Diese berücksichtigen über 60.000 einzelne empirische Untersuchungen mit Lernergebnissen von mehr als 88 Millionen Schülerinnen und Schülern. Als empirischer Bildungsforscher kann man hier schon von einer starken empirischen Grundlage sprechen.

Ein Überblick über die Befunde

Hattie bedient sich der Effektstärke *d* und argumentiert, dass ein Merkmal nur dann substanziell Schulleistungen fördert, wenn seine Effektstärke mindestens $d = 0.40$ ist („zone of desired effects“) und damit in etwa dem entspricht, was der normale Fachunterricht in einem Schuljahr bewirken kann. In einer sehr groben Zusammenfassung der Befunde aller Metaanalysen präsentiert er die in Abb. 1 aufgenommenen mittleren Effektstärken für alle von ihm berücksichtigten Merkmale der Familie, der Schülerin/des Schülers, der Schule, der Lehrkräfte, des Unterrichts und der Inhalte (Curricula). Unübersehbar sind die vergleichsweise kleinen Effekte von Schulmerkmalen im Gegensatz zu relativ großen Effekten der unterrichtlichen Merkmalsgruppen (Lehrkraft, Unterricht und Curricula). Effekte des familiären Hintergrunds und des Schülers/der Schülerin selbst liegen dazwischen. Im Folgenden soll bei der detaillierten Besprechung der Befunde eine Beschränkung auf die Merkmalskomplexe Schule und Unterricht stattfinden, die übrigen Bereiche werden zum Beispiel bei Köller/Möller/Möller (2013) ausführlicher geschildert.

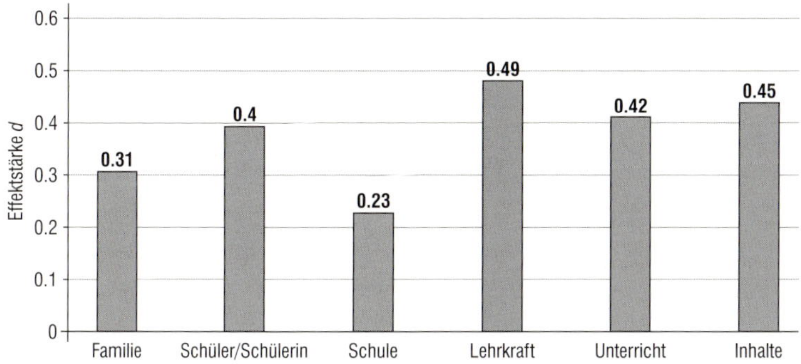

Abb. 1: Effekte unterschiedlicher Merkmalsgruppen auf das schulische Lernen (vgl. Hattie 2009, S. 18)

Effekte schulischer Faktoren

In diesem Abschnitt werden nur solche Faktoren auf der Schulebene berücksichtigt, die sinnvoll auf das deutsche Schulsystem bezogen werden können. Eine komplette Übersicht findet sich bei Hattie (2009, S. 74). Hattie unterscheidet Schulattribute (Finanzen), Schultypen (z.B. konfessionsgebundene Schulen, Sommerschule), Schulkompositionseffekte (z.B. Schulgröße), Klassenkompositionseffekte (z.B. Klassengröße, Form der Leistungsdifferenzierung), Angebote für hochbegabte Schülerinnen und Schüler (z.B. Enrichment) und Effekte des Geschehens im Klassenraum (z.B. Klassenführung, Gleichaltrige). Für ausgewählte Variablen aus diesen Merkmalsgruppen zeigt die Abb. 2 die von Hattie zusammengetragenen Ergebnisse. Die Merkmale sind nach aufsteigender Effektstärke sortiert.

Der negative *Effekt des Sitzenbleibens* ($d = -0.16$) verdeutlicht, dass eine pädagogische Strategie, die davon geleitet ist, dass schwachen Schülerinnen und Schülern die Wiederholung dabei hilft, anschließend erfolgreich weiterzulernen, empirisch keine Stützung erfährt. Für deutsche Schulen wurden Effekte des Klassenwiederholens anhand der PISA-2003-Studie von Ehmke, Drechsel und Carstensen (2010) untersucht. Auch dort zeigten sich bei den betroffenen Schülerinnen und Schülern gegenüber den versetzten Kameradinnen und Kameraden negative Effekte auf das Lernen.

Negativ wirken auch *Schulferien,* da in dieser Zeit oftmals Lerngelegenheiten ausbleiben. Allerdings zeigt die internationale Forschung (Alexander/Entwisle 1996), dass die Kosten der Schulferien vor allem bei sozial benachteiligten Schülerinnen und Schülern auftreten.

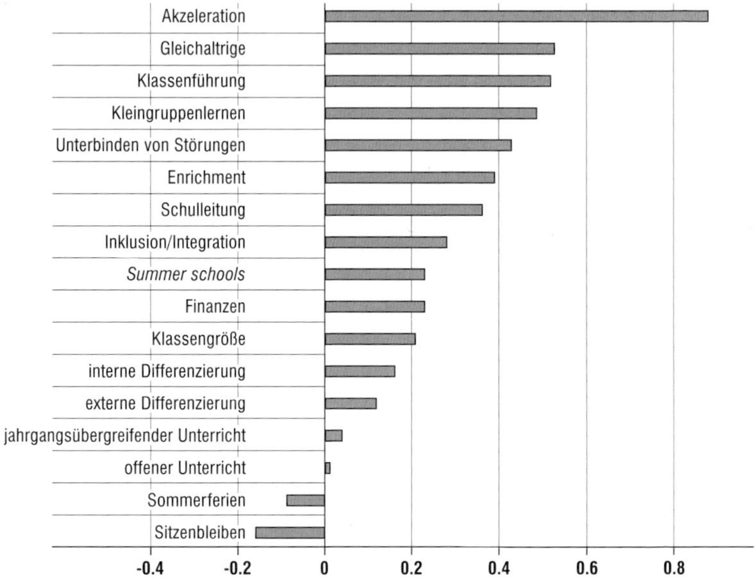

Abb. 2: Schulmerkmale und ihre Effekte auf schulisches Lernen (vgl. Hattie 2009, S. 72 ff.)

Hinsichtlich der weitgehend lernunwirksamen Faktoren ergeben sich bei Hattie bemerkenswerte Befunde: Maßnahmen der Leistungsgruppierung *(externe, interne Differenzierung)* haben sehr kleine Effekte, reformpädagogisch orientierte Organisationsformen *(offener Unterricht, jahrgangsübergreifender Unterricht)* bleiben weitgehend wirkungslos! Folgt man der modernen Unterrichtsforschung (z. B. Seidel/Shavelson 2007), so sind diese Befunde durchaus erwartungskonform. Dort wird bereits betont, dass sogenannte Sicht- bzw. Oberflächenstrukturen (solche Strukturen also, die sich einfach und objektiv beobachten lassen; siehe oben) oftmals ungeeignet sind, Lernerfolg vorherzusagen. Vielmehr scheinen es aufwendiger zu beurteilende Tiefenstrukturen (zum Beispiel: wie kognitiv aktivierend ist der Unterricht?) zu sein, die darüber entscheiden, wie viel gelernt wird.

Unter den Faktoren, die eine sehr begrenzte Wirkung entfalten, befindet sich die *Reduzierung der Klassengröße*. Folgt man öffentlichen Diskussionen, so liegt in der Reduzierung der Klassengröße die entscheidende Stellschraube für die Qualität des Bildungswesens. Dies geschieht allerdings trotz erwiesener geringer Effekte auf die Schülerleistungen. Dass die Schülerleistungen kaum von der Klassenfrequenz beeinflusst werden, ist keine neue Erkenntnis aus der Hattie-Studie. Sie wird hier aber noch einmal eindrucksvoll untermauert durch die Berücksichtigung von 96 empirischen Studien mit mehr als einer halben Million Schülerinnen und Schülern. Wie Hattie zusammenfassend schreibt, liegt der Effekt der Reduzierung der Klassengröße von 25 auf 15 (!) Schülerinnen und Schüler zwischen d = 0.10 und d = 0.20 (vgl. auch von Saldern 2006). Es scheint mit Blick auf die Kompetenzstände der Schülerinnen und Schüler effektiver und effizienter zu sein, auf regelmäßige Hausaufgaben (d = 0.29) und eine fundierte fachorientierte Lehrerfortbildung (d = 0.37) zu setzen (siehe unten) als auf die sehr kostenintensive Maßnahme der Klassengrößensenkung.

Die großen *Effekte des Kleingruppenlernens* (d = 0.49) stehen keineswegs im Widerspruch zu den geringen Effekten der Klassengröße. Kleingruppenlernen meint hier Lernerfolge in Gruppen von 5 und weniger Kindern und wird bei Hattie verglichen mit Lernerfolgen allein lernender Kinder.

Ähnliche Effektstärken wie die Klassengröße weisen *Finanzen* und *Summer schools* auf. Finanzielle Mehraufwendungen in Schulen finden nur dann Niederschlag in den Lernergebnissen der Schülerinnen und Schüler, wenn sie für Fördermaßnahmen und Lehrerfortbildung verwendet werden. *Summer schools* sind auch Fördermaßnahmen für (oftmals benachteiligte) Schülerinnen und Schüler in den Sommerferien. Im deutschen Sprachraum kommen Stanat u. a. (2012) zu vergleichbaren Ergebnissen.

Für die in Deutschland aktuell geführten Debatten über *inklusive Beschulung* sind die entsprechenden Befunde in Abb. 2 bemerkenswert. In der Tat finden sich höhere Leistungen für Schülerinnen und Schüler mit sonderpädagogischem Förderbedarf, die inklusiv und nicht in Sonderschulen beschult werden. Die entsprechende Effektstärke liegt bei d = 0.28.

Unterbinden von Unterrichtsstörungen (d = 0.36) ebenso wie *Klassenführung* (d = 0.52) beschreiben ein Verhalten der Lehrkräfte, bei dem die Unterrichtszeit für Lernaktivitäten genutzt wird. Aufkommende Unruhe wird unterbunden, Übergänge im Unterricht sind fließend und die Lehrkraft stellt sicher, dass die Schülerinnen und Schüler aufpassen. Baumert/Kunter (2006) in ihrem Modell des Professionswissens von Lehrkräften ebenso wie Meyer (2004) sehen in der Klassenführung eine zentrale Determinante für erfolgreiches Lernen und beziehen sich dabei auf die epochale Arbeit von Kounin (1976). Erst kürzlich haben Haag/Streber (2012) die Literatur zu diesem Thema erneut zusammengefasst und die große Bedeutung für schulisches Lernen hervorgehoben.

Die positiven *Effekte von Schulleitung* (d = 0.36) treten dann auf, wenn Schulleitungen Unterrichtsentwicklung an ihren Schulen systematisch vorantreiben. Es ist danach von besonderer Bedeutung, dass Schulleitungen sich als Experten für das Lernen und Unterrichten definieren und dies in möglichst allen Fächern auch umsetzen. Effektive Schulleitungen können den Lehrkräften helfen, ihren Unterricht zu optimieren. Bonsen u.a. (2002) haben ein Modell vorgestellt, das in diesem Sinne zeigt, wie sich Schulleitungsverhalten auf das Unterrichtshandeln der Lehrkräfte auswirken kann. Dieses Modell zeigt die Abb. 3. Aufgabe einer modernen Schulleitung ist danach, Innovationen und die Kooperation zwischen den Kollegen zu fördern. Gelingt dies, so können Lehrkräfte in der lernenden Organisation ihren Unterricht verbessern.

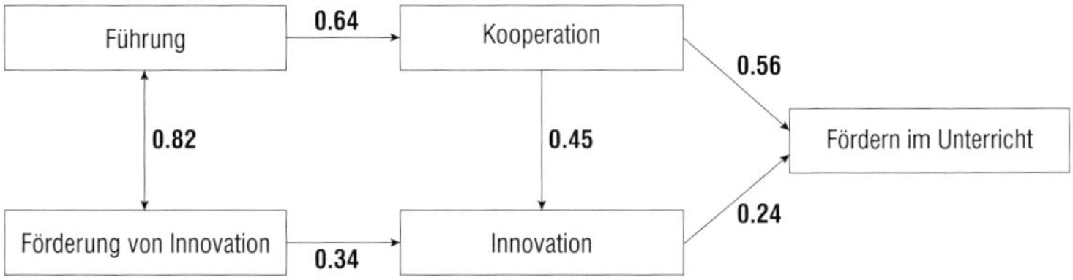

Abb. 3: Schulleitungsverhalten und Unterrichtsentwicklung in Schulen (vgl. Bonsen u.a. 2002)

Die Faktoren *Enrichment* (d = 0.39) und *Akzeleration* (d = 0.88) betreffen Maßnahmen zur Förderung hochleistender und hochbegabter Schülerinnen und Schüler. Enrichment beschreibt curriculare oder extracurriculare Zusatzangebote für diese Schülergruppe, Akzeleration beschreibt das Überspringen von Klassenstufen, das nur zeitweise und auf einzelne Fächer beschränkte Unterrichten in höheren Jahrgangsstufen oder auch den Besuch von College- bzw. Universitätsveranstaltungen für ältere Schülerinnen und Schüler. Positive Effekte des Überspringens von Klassenstufen konnten auch Vock/Penck/Köller (im Druck) für Deutschland zeigen. Amerikanische Arbeiten (z.B. Park/Lubinski/Benbow 2013) weisen allerdings darauf hin, dass Hochleistende und Hochbegabte nur dann überspringen sollten, wenn es sowohl die Eltern als auch die Schülerinnen und Schüler selbst explizit wünschen.

Schließlich sind in der Abb. 2 auch noch *Effekte der Gleichaltrigen* (d = 0.53) abgetragen. Peers haben dann positive Effekte auf schulisches Lernen, wenn sie aktiv Lernaktivitäten unterstützen (Tutoring, Rückmeldung, gemeinsames Üben für Prüfungen, emotionale Unterstützung). Intakte

Freundschaften mit den Klassenkameradinnen und Klassenkameraden sind ebenfalls lernförderlich, Schülerinnen und Schüler, die dagegen im Klassenraum isoliert sind, lernen schlechter.

Fasst man die Befunde zur Relevanz der schulischen Maße zusammen, so zeigt sich insgesamt, dass Maßnahmen umso eher lernförderlich wirken, je dichter sie direkt am Unterricht bzw. an der Lernsituation angreifen. Schulleitung beispielsweise hat dann Effekte, wenn sie sich um die Verbesserung der Unterrichtsqualität kümmert. Merkmale, die lediglich den Rahmen von Schule und Unterricht abstecken (Finanzen, Formen der Differenzierung, offener Unterricht, jahrgangsübergreifender Unterricht) verfehlen weitgehend ihre Wirkung, schaden aber auch nicht. Im folgenden Abschnitt soll der Fokus auf den Unterricht verstärkt werden und es sollen die Unterrichtsvariablen herausgearbeitet werden, von denen wir wissen, dass sie besonders lernförderlich sind.

Effekte der Lehrkraft und des Unterrichts

In diesem Abschnitt soll herausgearbeitet werden, dass die von Hattie zusammengefassten empirischen Studien die Lehrkraft und den Unterricht als die wichtigsten Größen zur Förderung schulischen Lernens identifizieren. Es soll deutlich werden, dass es sehr große Unterschiede zwischen Lehrkräften gibt und dass es darauf ankommt, die Verhaltensweisen zu zeigen und die Lehrstrategien zu verwenden, die effektiv sind. Dabei sind es vergleichsweise viele Lehrkraft- und Unterrichtsmerkmale, die mehr oder weniger zum Wissens- und Kompetenzzuwachs von Schülerinnen und Schülern beitragen. Eine Auswahl davon mit den zugehörigen Effektstärken zeigt die rechts abgebildete Tab. 1 im Überblick und in absteigender Reihenfolge. Nachfolgend werden die einzelnen Faktoren und die zugehörigen Ergebnisse in umgekehrter Reihenfolge erläutert.

Merkmal	*d*
Feedback	0.73
Lehrer-Schüler-Beziehung	0.72
verteiltes oder massiertes Üben	0.71
metakognitive Strategien	0.69
Direkte Instruktion	0.59
Concept Mapping	0.57
Peer-Tutoring	0.55
Kooperatives Lernen	0.41
Time on Task	0.38
regelmäßiges Testen	0.34
Forschendes Lernen	0.33
Hausaufgaben	0.29
Lehrerausbildung	0.11
Fachwissen	0.09

Tab. 1: Ausgewählte Lehrer- und Unterrichtsvariablen: Befunde aus Hatties Synopse der Metaanalysen

Das *Fachwissen der Lehrkräfte* gilt gemeinsam mit dem fachdidaktischen und dem pädagogischen Wissen als Grundlage des professionellen Handelns im Unterricht und als zentraler Faktor für den Wissenszuwachs der Schülerinnen und Schüler (Shulman 1986, 1987). Hattie weist darauf hin, dass diese Annahme zwar plausibel ist, die empirische Befundlage aber relativ wenig Unterstützung dafür liefert. Manche Autoren argumentieren laut Hattie sogar, dass es zur Durchführung eines guten Unterrichtes ausreiche, eine kritische Schwelle des Fachwissens zu überschreiten, allerdings ohne zu präzisieren, wie diese Schwelle aussieht. Hinsichtlich der Relevanz des Fachwissens ist insgesamt zu beklagen, dass es nur wenige Studien gibt, die sich mit dieser Variable befassen. In Deutschland liegt mit der COACTIV-Studie (vgl. Kunter u.a. 2011) aber eine hervorragende Untersuchung vor, die zeigt, dass fachliches Wissen die Basis für fachdidaktische Kompetenz darstellt und dass dies wiederum eng mit dem Wissens- und Kompetenzzuwachs der Schülerinnen und Schüler zusammenhängt. Bundesländervergleiche zeigen ebenfalls, dass das Fachwissen der Lehrkräfte von Belang ist: So schnitten im Ländervergleich 2009 (vgl. Köller/Knigge/Tesch 2010) ostdeutsche Schülerinnen und Schüler im Fach Englisch bedeutend schlechter ab als in anderen Fächern. Begründet wurde dieser Befund damit, dass die Lehrkräfte in den neuen Ländern vielfach in Russisch ausgebildet und nach der Wiedervereinigung vergleichsweise kurz in Englisch nachgeschult wurden. Der kürzlich publizierte Ländervergleich in der Grundschule (vgl. Stanat u.a. 2012) weist zudem für das Fach Mathematik aus, dass Schülerinnen und Schüler, die von einer fachfremden Lehrkraft unterrichtet werden, im Mittel schwächer abschnitten als solche, deren Lehrkraft Mathematik fürs Lehramt studiert hatte.

Für die Güte der *Lehrerausbildung* zeigen sich bei Hattie auch nur geringe Effekte. Allerdings beklagt Hattie selbst die geringe Zahl belastbarer Studien zu diesem Thema. Gerade auch für Deutschland wären dringend Längsschnittuntersuchungen nötig, die prüfen, wie wirksam die erste und zweite Phase der Lehrerausbildung eigentlich sind. Nach Hattie ist es dabei u.a. wichtig, dass die Lehrerausbildung an anerkannten und überprüfbaren Standards orientiert ist und sich selbst wiederum an den Lernergebnissen ihrer Schülerinnen und Schüler messen lässt.

Hausaufgaben bieten den Schülerinnen und Schülern zusätzliche Lerngelegenheiten, das in der Schule Gelernte zu reflektieren und Fertigkeiten einzuüben. Insbesondere in der Sekundarstufe I zeigen sich auch lernförderliche Effekte. Für deutsche Schülerinnen und Schüler berichten beispielsweise Trautwein/Köller/Schmitz/Baumert (2002) positive Effekte regelmäßiger Hausaufgaben. Ein sehr detaillierter Überblick über die Effekte von Hausaufgaben findet sich auch bei Trautwein/Köller (2003). Die Autoren kommen dabei zu ähnlichen Schlussfolgerungen wie Hattie. Lehrkräfte sollten die Hausaufgaben im folgenden Unterricht kontrollieren und bei der Vergabe nach dem Motto verfahren „Lieber oft als viel!" (vgl. Trautwein u.a. 2002).

Glaubt man dem *Effekt des Testens,* so ist der Lernerfolg in Klassen, in denen regelmäßig Leistungsüberprüfungen stattfinden, höher als in solchen, in denen auf entsprechende Kontrollen verzichtet wird. Dieser Befund räumt mit Vorurteilen auf, wonach Schülerinnen und Schüler, die regelmäßig geprüft werden, immer nur auf die Prüfung hin lernen, um anschließend wieder alles zu vergessen. Laut Hattie steigt dieser Effekt auf über 0.6 an, wenn die Testung mit lernförderlichem Feedback verknüpft wird.

Beim *Forschenden Lernen (Inquiry-based Learning)*, das vor allem in den naturwissenschaftlichen Fächern Anwendung findet, sollen Schülerinnen und Schüler Phänomene beobachten, hinterfragen und zu erklären versuchen. Die Empirie zeigt, dass entsprechende Arbeiten das Interesse und auch das kritische Hinterfragen fördern können, die Effekte auf tatsächliches Wissen aber weniger deutlich und nachhaltig sind (vgl. hierzu auch Kirschner 2006).

Time on Task beschreibt ein Unterrichtshandeln, bei dem die Zeit für fachspezifisches Arbeiten verwendet wird. Organisatorisches wird ausgelagert (vgl. Meyer 2004).

Kooperative Lernformen sind geeignet, sowohl das Interesse an Unterrichtsinhalten als auch sachbezogene Argumentationen zu fördern. Sie fördern den Wissens- und Kompetenzzuwachs stärker bei älteren als bei jüngeren Kindern und scheinen dann besonders erfolgreich zu sein, wenn sie durch klare Strukturen vorbereitet sind wie etwa beim *Reciprocal Teaching* (d = 0.74), bei dem Schülerinnen und Schüler abwechselnd in die Lehrkraft- und die Schülerrolle schlüpfen und dabei, wie Hattie schreibt, insbesondere dann profitieren, wenn Lehrkräfte den Schülerinnen und Schülern zeitnah kognitive Lernstrategien vermitteln wie Fragen zu stellen oder Zusammenfassungen komplexer Gegenstände zu erstellen.

Der Einsatz von Mitschülerinnen und Mitschülern als Co-Lehrkräfte *(Peer-Tutoring)* ist sehr effektiv. Dabei unterscheiden sich die Effektstärken für die Tutoren nur unwesentlich von den Effektstärken bei den *tutees*.

Gerade für den eigenen Lernzuwachs scheint es günstig zu sein, sich in die Lehrerrolle zu begeben und anderen einen Inhalt zu vermitteln.

Die Technik des *Concept Mapping* wird meist als Erstellen einer grafischen Repräsentation eines Lerninhalts verstanden. *Concept Mapping* ist offenbar eine sehr geeignete, kognitiv aktivierende Lerntechnik. Interessant ist dabei, dass diese Technik, so Hattie, gerade auch schwächeren Schülerinnen und Schülern hilft, vermutlich, weil diese selbst daran beteiligt sind, einem Text eine vereinfachte bildliche Struktur zu geben. Dies entlastet offenbar ihr kognitives System.

Direkte Instruktion erweist sich ebenfalls als mächtiges, lernförderliches Merkmal. Hattie bedauert, dass die direkte Instruktion fälschlicherweise in Misskredit geraten ist. Nach Hattie bedeutet direkte Instruktion einen von der Lehrkraft gesteuerten Unterricht, in dem sie die Lernziele der Unterrichtseinheit festlegt und den Schülern transparent macht. Die Lehrkraft ist aktiv im Unterricht, erläutert Inhalte, überwacht den Lernfortschritt der Schülerinnen und Schüler, fungiert als Modell für gelungene Problemlösungen und fasst am Ende der Stunde die zentralen Ergebnisse zusammen. *Metakognitive Strategien* umfassen die Steuerung der eigenen Denk- oder Lernvorgänge, um deren Planung, Initiierung, Bewertung und Optimierung. So ist etwa die Selbstprüfung, ob ich einen bestimmten Sachverhalt verstanden habe, eine solche metakognitive Strategie, die im Unterricht vermittelt und eingeübt werden kann.

Effekte des verteilten Übens meinen, dass es entscheidend für den Wissenszuwachs ist, dass geschickt und in Portionen geübt wird, indem etwa in zahlreichen Übungseinheiten dosierte Ziele gesetzt und motivierendes Feedback gegeben werden kann. Die Studien zeigen laut Hattie, dass Schülerinnen und Schüler viele Inhalte erst tiefer zu verstehen beginnen, wenn die Inhalte mindestens 3 bis 4 Mal in abwechslungsreichen Settings präsentiert und inhaltsbezogene Gedanken aktiviert werden.

Positive Lehrer-Schüler-Beziehungen sind nicht nur für das Ausbleiben von Störungen und ein angenehmes Klassenklima verantwortlich, sondern fördern auch in erheblichem Maße die schulischen Leistungen. In der Metaanalyse von Cornelius-White (2007) zeigte sich, dass Lehrkräfte den Schülerinnen und Schülern Freiraum für eigene Ideen und Aktivitäten lassen sollten und dass Empathie und Ermutigung beim Lernen zentrale Aspekte des Lehrer-Schüler-Verhältnisses sind.

Bezogen auf die Effekte des Feedbacks ist nicht gemeint, dass Schülerinnen und Schüler allein gelobt oder getadelt werden. Dies ist nach Hattie (für die schulischen Leistungszuwächse) oftmals wirkungslos oder sogar schädlich. Wirkungsvolles Feedback bezieht sich auf inhaltsorientierte Rückmeldungen zu dem, was ein Schüler oder eine Schülerin gerade gesagt oder getan hat. Eine Lehrkraft, die wirkungsvolles Feedback geben will, sollte das jeweilige konkrete Lernziel klarmachen und der Schülerin oder dem Schüler signalisieren, was sie/er schon geschafft hat, welche Schritte die nächsten sind und wie man sie gehen kann.

Resümee und Schlussfolgerungen

Resümiert man die hier beschriebenen Maße des Lehrerhandelns und des Unterrichts, so zeigen sich im Einklang mit der nationalen Literatur (Baumert/Kunter 2006) drei Kerndimensionen gelingen Unterrichts: Klassenführung, kognitive Aktivierung und konstruktive Unterstützung.

Zur Klassenführung zählen Maße wie *Time on Task*, Störungsprävention, Klarheit der Instruktion, direkte Instruktion. Kognitive Aktivierung umfasst u.a. die Merkmale *Concept Mapping*, *Peer-Tutoring*, Reziprokes Lernen und kooperatives Lernen. Schließlich konstituiert Feedback die Kerndimension der konstruktiven Unterstützung. Diese drei großen Unterrichtsdimensionen sind offenbar effektiver als von außen leicht erkennbare „modernistische" Unterrichtsformen, bei denen die Schülerinnen und Schüler alle beschäftigt sind, aber niemand weiß, was eigentlich gelernt werden soll (für die Hattie den Ausdruck „mindless busy work" verwendet).

In seinem 2012 erschienenen Buch zieht Hattie Konsequenzen aus seiner Zusammenschau der empirischen Befunde und gibt einfache Hinweise für das erfolgreiche unterrichtliche Handeln von Lehrkräften in Klassenräumen:

- Lehrkräfte müssen definieren, was die Outcomes (Erfolgskriterien) einer Unterrichtseinheit sind („Was will ich aufseiten der Schülerinnen und Schüler erreichen?").
- Lehrkräfte müssen entscheiden, wie sie überprüfen können, dass die Ziele erreicht wurden (summatives Assessment).
- Lehrkräfte müssen sich vergewissern, was die Schülerinnen und Schüler zu Beginn einer Unterrichtseinheit schon leisten können (formatives Assessment).

- Danach führen sie die Unterrichtseinheit durch.
- Danach sollen sie den Erfolg des Unterrichts auf Schülerseite messen, idealerweise mit standardisierten Lernerfolgstests.
- Lehrkräfte müssen den beobachteten Kompetenzzuwachs als Indikator nutzen, um festzustellen, ob sie ihre Ziele erreicht haben.
- Unterschiede im Kompetenzzuwachs zwischen Schülerinnen und Schülern sollen Lehrkräfte als Anlass zum Reflektieren nehmen, warum manche Kinder/Jugendliche die Ziele eher, manche weniger erreicht haben.

Bei diesem Handlungskatalog wird deutlich, dass es Hattie nicht um die Rückkehr zu einem anachronistischen lehrerzentrierten Unterricht geht. Vielmehr ist seine Botschaft schülerzentriert: Die gute Lehrkraft macht sich immer wieder Gedanken, was sie den Schülerinnen und Schülern beibringen möchte und wie sie sicherstellen kann, dass diese auch erfolgreich lernen. Diese Schlussfolgerungen sind eigentlich banal, umso verblüffender ist die Beobachtung, wie stark Lehrkräfte häufig ihren Unterricht an Inhalten und nicht an den Kindern und Jugendlichen ausrichten. Noch verblüffender ist natürlich, wie viel in Deutschland über Strukturreformen und wie wenig über guten Fachunterricht gesprochen wird.

Literatur

Alexander, K. L./Entwisle, D. R. (1996): Schools and children at risk. In: A. Booth/J. J. Dunn (Hrsg.): Family-school links. Mayaw: Lawrence Erlbaum.

Baumert, J./Kunter, M. (2006): Stichwort: Professionelle Kompetenz von Lehrkräften. In: Zeitschrift für Erziehungswissenschaft, 9, S. 469–520.

Bonsen, M./Gathen, J./Iglhaut, C./Pfeiffer, H. (2002): Die Wirksamkeit von Schulleitung – Empirische Annäherungen an ein Gesamtmodell schulischen Leitungshandelns. Weinheim: Juventa.

Cornelius-White, J. (2007): Learner-centered teacher-student relationships are effective. A meta-analysis. In: Review of Educational Research, 77, S. 113–143.

Ehmke, T./Drechsel, B./Carstensen, C. H. (2010). Effects of grade retention on achievement and self-concept in science and mathematics. In: Studies in Educational Evaluation, 36, S. 27–35.

Gruehn, S. (2000): Unterricht und schulisches Lernen. Schüler als Quellen der Unterrichtsbeschreibung. Münster: Waxmann.

Haag, L./Streber, D. (2012): Klassenführung. Erfolgreich unterrichten mit Classroom Management. Weinheim, Basel: Beltz.

Hattie, J. A. C. (2009): Visible learning. A synthesis of over 800 meta-analyses relating to achievement. Oxon: Routledge.

Hattie, J. A. C. (2012): Visible learning for teachers. Maximizing impact on learning. Oxon: Routledge.

Kirschner, P. (2006): Why minimal guidance during instruction does not work. An analysis of the failure of constructivist, discovery, problem-based, experiential, and inquiry-based teaching. In: Educational Psychologist, 41, S. 75–86.

Köller, O./Baumert, J. (2012). Schulische Leistungen und ihre Messung. In: W. Schneider/U. Lindenberger (Hrsg.): Entwicklungspsychologie. 7. Auflage. Weinheim: Beltz/PVU, S. 645–661.

Köller, O./Knigge, M./Tesch, B. (Hrsg.) (2010): Sprachliche Kompetenzen im Ländervergleich. Münster: Waxmann.

Köller, O./Möller, J./Möller, J. (2013): Was wirkt wirklich? Einschätzungen von Determinanten schulischen Lernens. Schulmanagement Handbuch, 145. München: Oldenbourg.

Kounin, J. (1976): Techniken der Klassenführung. Bern: Huber.

Kunter, M./Baumert, J./Blum, W./Klusmann, U./Neubrand, M. (Hrsg.) (2011): Professionelle Kompetenz von Lehrkräften: Ergebnisse des Forschungsprogramms COACTIV. Münster: Waxmann.

Meyer, H. (2004): Was ist guter Unterricht? Berlin: Cornelsen Scriptor.

Park, G./Lubinski, D./Benbow, C. P. (2013): When less is more. Effects of grade skipping on adult STEM accomplishments among mathematically precocious youth. In: Journal of Educational Psychology, 105, S. 176–198.

von Saldern, M. (2006): Klassengröße. In: D. Rost (Hrsg.): Handwörterbuch Pädagogische Psychologie. Weinheim: Beltz, S. 327–332.

Seidel, T./Shavelson, R. J. (2007): Teaching effectiveness research in the past decade. The role of theory and research design in disentangling meta-analysis results. In: Review of Educational Research, 77, S. 454–499.

Shulman, L. S. (1986): Those who understand. Knowledge growth in teaching. In: Educational Researcher, 15 (2), S. 4–14.

Shulman, L. S. (1987). Knowledge and teaching. Foundations of the new reform. Harvard Educational Review, 57 (1), S. 1–22.

Stanat, P./Becker, M./Baumert, J./Lüdtke, O./Eckhardt, A. G. (2012): Improving second language skills of immigrant students. A field trial study evaluating the effects of a summer learning program. In: Learning and Instruction, 22, S. 159–170.

Stanat, P./Pant, H. A./Böhme, K./Richter, D. (2012): Kompetenzen von Schülerinnen und Schülern am Ende der vierten Jahrgangsstufe in den Fächern Deutsch und Mathematik Ergebnisse des IQB-Ländervergleichs 2011. Münster: Waxmann.

Trautwein, U./Köller, O. (2003): The relationship between homework and achievement – still much of a mystery. In: Educational Psychology Review, 15, S. 115–145.

Trautwein, U./Köller, O./Schmitz, B./Baumert, J. (2002): Do homework assignments enhance achievement? A multilevel analysis in 7th grade Mathematics. In: Contemporary Educational Psychology, 27, S. 26–50.

Vock, M./Penck, C./Köller, O. (im Druck). Wer überspringt eine Schulklasse? Befunde zum Klassenüberspringen in Deutschland. In: Psychologie in Erziehung und Unterricht.

Walberg, H. J. (2010): Advancing student achievement. Stanford University: Hoover Institution Press.

Hans Brügelmann

Gilt nach Hattie: Je häufiger, desto besser?

Zur Bedeutung von „Evidenzbasierung" für pädagogisches Handeln vor Ort[1]

Bildungsforschung mündet in Wahrscheinlichkeitsaussagen, für das Handeln im Einzelfall liefern sie insofern nur Hypothesen. Statistische Wirkungsversprechen von Methoden müssen jeweils inhalts- und kontextbezogen interpretiert werden. Diese Zuständigkeit der Praxis ist von Wissenschaft und Politik zu respektieren, die erforderliche Kompetenz zur kumulativen Einzelfallforschung in der Ausbildung zu fördern.

John Hatties Meta-Metaanalyse *Visible Learning* (Originalausgabe 2009; deutsche Übersetzung 2013) imponiert durch die schier unglaubliche Zahl an einbezogenen Studien und die noch größere Zahl beteiligter Schülerinnen und Schüler. Die Auswertung der so erhobenen Daten findet entsprechend breite Resonanz (vgl. etwa die an verschiedenen Orten publizierten Zusammenfassungen von Steffens/Höfer 2012, 2013). Denn sie folgt einer Logik, die heutzutage in der Bildungsforschung fast unbefragt gilt: Je häufiger ein Zusammenhang zwischen zwei Faktoren zu beobachten ist (zum Beispiel zwischen einer Unterrichtsmethode und überdurchschnittlichem Lernerfolg der nach ihr unterrichten Schülerinnen und Schülern), desto höhere Geltung kann er für die Arbeit im einzelnen Klassenzimmer beanspruchen.

Hinzu kommt die Suggestion von Objektivität durch den Einsatz standardisierter Leistungstests. Unterstellt wird dabei eine scheinbar technische Ableitbarkeit von konkreten Handlungsanweisungen aus allgemeinen Aus-

1 Dieser Beitrag basiert auf drei früheren Veröffentlichungen in *Grundschule aktuell* (Heft 121, 2013, S. 25–26), *Schulverwaltung* NRW (Heft 7/8, 2013, S. 216–218) und *Lehren & Lernen* (Heft 7, 2013, S. 20–22), aus denen auch konkrete Teile in diesen Text eingegangen sind.

sagen. Übersehen wird allerdings, wo überall der „subjektive Faktor“ in der Verdichtung von Daten und ihrer anschließenden Auslegung wirksam ist. Übersehen wird ebenfalls, dass in den abstrakten Kennwerten zudem der hoch bedeutsame Einfluss von Kontextbedingungen verloren geht. Insofern kann sich die Diskussion von Hatties Arbeit nicht auf Sinn und Unsinn von Metaanalysen beschränken, sie muss ihre Basis, das heißt das Paradigma (1) standardisierter Datenerhebung in (2) großen Stichproben grundsätzlicher in den Blick nehmen (vgl. ausführlicher: Brügelmann 2011; Gruschka 2012). Fangen wir mit dem zweiten Punkt an.

Was bedeuten Wahrscheinlichkeitsaussagen für pädagogisches Handeln im Einzelfall?

Im *Spiegel* Nr. 25 vom 17.6.2013 wurde die Bildungsforscherin Renate Valtin mit der Forderung zitiert, man müsse die Unterrichtsmethode „Lesen durch Schreiben“ verbieten, da die nach ihr unterrichteten Schülerinnen und Schüler in einer Reihe von Leistungsvergleichen schlechter abgeschnitten hätten als bei einem Unterricht nach herkömmlichen Methoden. Einige Tage nach dieser Meldung erhielt ich diesen Kommentar eines Grundschullehrers, der sich in seinem Unterricht konsequent am Konzept „Lesen durch Schreiben“ orientiert. Er schrieb:

> „Wir führen in unserer jahrgangsgemischten Klasse regelmäßig die standardisierte ‚Hamburger Schreibprobe‘ durch. In der Klasse ist nur ein Kind mit Migrationshintergrund, aber ein guter Teil Kinder, die als nicht regelbeschulbar oder mit Lernstörungen galten.
> Durchschnitt über alle Jahrgänge mit Behinderten: Prozentrang 69, ohne Behinderte Prozentrang 73. Insgesamt liegen nur zwei Zweitklässler mit Prozentrang 34 bzw. 47 unter dem Durchschnitt (ein vorzeitig eingeschultes Kind und ein ‚Curlingkid‘ mit grenzwertiger LB-Schwester). Die Viertklässler erreichen im Durchschnitt einen Prozentrang von 82 …“

Unterstellt (was schon umstritten ist …), dass nach „Lesen durch Schreiben“ unterrichtete Kinder bei empirischen Leistungsvergleichen im Durchschnitt tatsächlich schwächer abschneiden: Soll, ja darf man „evidenzbasiert“ dem zitierten Lehrer den Einsatz von „Lesen durch Schreiben“ in *seinem* Unterricht verbieten, weil mit dieser Methode von *anderen* Lehrerinnen und

Lehrern schlechtere Ergebnisse erzielt worden sind? Gilt die statistische Weidmannsregel: einmal links daneben und einmal rechts daneben ist im Durchschnitt getroffen? Oder müsste man nicht genauer schauen: „*Wann* wirkt was?“, statt abstrakt zu fragen: „*Was* wirkt“?

Dieses kleine Beispiel illustriert ein zentrales Problem sogenannter „evidenzbasierter“ Aussagen über pädagogische Sachverhalte, die „Durchschnittsfalle“ (Helmke 2013, S. 12f.): Aus den Durchschnittswerten statistischer Auswertungen in großen Stichproben lassen sich keine verbindlichen Folgerungen für den Einzelfall ableiten – allenfalls die Beweislast, ein abweichendes Handeln besonders zu begründen. Die Stärke von statistischen Metaanalysen ist zugleich ihre Schwäche – wie beim Einsatz des Zoomens in der Fotografie, also der Entscheidung für Wald oder Bäume: Entweder gewinnt man einen guten Überblick, vernachlässigt dafür aber bedeutsame Details – oder es gelingt, einzelne Aspekte genauer in den Blick zu nehmen. (Schon vor 40 Jahren warnte Bauersfeld 1972, S. 243, die Unterrichtsforscher/-innen vor dieser „curricularen Unschärferelation“, wie er das Dilemma einprägsam benannte.)

Wenn ein Politiker nach unerwarteten Frösten im April betroffenen Obstbauern mit Subventionen helfen will, mag es unvermeidlich sein, in einer Rechtsverordnung Weintrauben, Johannisbeeren, Äpfel und Birnen mit anderem „Obst“ zusammenzufassen und „Gemüse“ zu vernachlässigen – wohl wissend, dass einige Obstsorten nicht von den Frösten betroffen waren, einige Gemüsearten aber wohl. Für flächendeckende Entscheidungen (zum Beispiel zur „Migrantenförderung“) ist man auch in der Bildungspolitik auf solche Grobkategorien angewiesen – und auf Abschätzungen von Häufigkeiten. Dem Einzelfall in seiner Besonderheit kann man mit allgemeinen Aussagen und Regelungen nur sehr eingeschränkt gerecht werden. Ganz anders die Situation beim Einkauf für einen Obstsalat im Laden. Da sind Äpfel und Birnen sorgfältig zu unterscheiden, da spielen Sorte und Herkunft ebenso eine Rolle wie Vitamingehalt und Frische. Viele werden sich sogar die einzelne Frucht genau ansehen, ehe sie sie in den Einkaufskorb legen. Hier geht es um Qualität im Einzelfall, nicht um Quantitäten innerhalb übergeordneter Kategorien.

Letztere bestimmen die Fragestellung und die Auswertung von Großstudien, von Metaanalysen und erst recht von Meta-Metaanalysen – hilfreich für eine Schulministerin, die für flächendeckende Entscheidungen auf Häufigkeiten, auf Korrelationen und Wahrscheinlichkeitsschätzungen angewiesen ist. Sie nimmt in Kauf, dass von einem Sonderzuschlag bei hohem Migrantenanteil auch ein Diplomatenviertel profitiert, und vielleicht auch, dass in verschiedenen sozialen Brennpunkten unterschiedlich sinnvoll mit der Zusatzzuweisung an Lehrerstunden umgegangen wird.

Eine Lehrerin aber kann sich nicht mit dem Wissen begnügen, dass Wladimir Migrant ist und aus Russland kommt, dass er erst vor fünf Jahren nach Deutschland gekommen ist und dass in seiner Familie Deutsch gesprochen wird. Je nach individuellem Kontext, also persönlicher Lebensgeschichte und Lebenswelt, bedeuten diese Kategorien ganz Unterschiedliches – ganz abgesehen von seinen konkreten Erfahrungen und Voraussetzungen in einzelnen Fächern. Persönliche Bedeutung und (sub-)kultureller Kontext sind der Schlüssel zum Verständnis pädagogischer Situationen – und beide gehen bei der Quantifizierung in standardisierten Untersuchungen verloren. Dieser Mangel gilt bereits für die Basisuntersuchungen (vgl. Bartnitzky 2004; Meyerhöfer 2007), er verschärft sich allerdings mit jeder weiteren Abstraktionsstufe.

Hattie kennt diese Probleme und es ist seinen Übersetzern Beywl und Zierer hoch anzurechnen, dass sie sie in ihrer Einleitung zur deutschen Fassung explizit benennen und nüchtern diskutieren. Insofern ist folgender Hinweis Hatties wichtig: Evidenzbasierung bedeutet für Lehrerinnen und Lehrer, dass sie bewusst in ihrem eigenen Unterricht experimentieren und die empfohlenen Strategien im Lichte ihrer Erfahrungen kritisch prüfen (siehe unten). Warum dann aber „Barometer“, in denen differenzierte Forschungsergebnisse auf wenig aussagekräftige Durchschnittswerte schrumpfen?

Hinzu kommen forschungsmethodische Probleme (ausführlicher dazu Arnold 2011; Higgins/Simpson 2011; Lind 2013; Metzen 2013; Rolff 2013; Terhart 2011 und in diesem Band): Korrelationen werden als Ursache-Wirkung-Zusammenhänge interpretiert, ohne dass die Untersuchungsdesigns dies durchgängig hergeben. Verrechnungseinheit für die Kennwerte sind Studien – unabhängig von ihrem Stichprobenumfang. Die Interpretation von „Effektstärken“ ist in der Zunft ebenso umstritten wie die Kriterien für die Anerkennung einer Untersuchung als „methodisch gut“, sodass Auswahl und Bewertungen von Präferenzen der Autoren abhängen und von Metaanalyse zu Metaanalyse variieren. Außerdem können nur Studien einbezogen werden, die publiziert sind. Bekanntermaßen werden Untersuchungen, die keine signifikanten Unterschiede zeigen, aber seltener veröffentlicht. Das verzerrt das Bild. Erkenntnisse aus interpretativen Studien fehlen vollständig.

Letzteres bringt uns zum ersten der beiden eingangs erwähnten Probleme, der standardisierten Datenerhebung über pädagogische Sachverhalte. Meine Frage lautet:

Lassen sich Unterrichtsmethoden inhalts- und kontextneutral bewerten?

Eines der interessantesten Ergebnisse der Hattie-Studie ist die für viele Faktoren berichtete große Streuung der Befunde – obwohl diese vorher ja schon zweimal verdichtet worden sind: innerhalb einer Studie über verschiedene Schülerinnen und Schüler bzw. Lerngruppen hinweg und dann innerhalb einer jeden Metaanalyse über verschiedene Studien hinweg. Dass Hattie selbst in Metaanalysen noch große Unterschiede innerhalbn von Methoden findet, verweist auf die Bedeutsamkeit der konkreten Inhalte und Bedingungen. Unterricht ist eben nicht „sachneutral" zu erfassen, wie schon Horst Rumpf (1969) kritisiert hat. Entgegen Marshall McLuhan (1968) gilt: „The medium is *not* the message." Wie die neuere Medienforschung sieht auch die Bildungsforschung Nutzer nicht mehr als passive Opfer von Medien/Methoden, sondern als Mit-Gestalter, die ihre persönlichen Bedürfnisse und Vorstellungen inter-aktiv einbringen – zusätzlich angeregt und eingeschränkt durch den jeweiligen soziokulturellen Kontext (so schon Turkle 1984, 1995; aktuell: Schubert 2013). Interaktionen von Person/Situation und Medium/Methode aber führen zu unterschiedlichen Effekten auch im Unterricht.

Daraus folgen mehrere Einschränkungen für die Geltung formal-quantitativ verdichteter Befunde wie in Hatties Mega-Analysen:

- In den einbezogenen Untersuchungen werden dasselbe Konzept, dieselbe Methode („Gruppenarbeit", „entdeckendes Lernen") oft unterschiedlich verstanden, sodass die Befunde nicht ohne Weiteres *einem* „Ansatz" zugerechnet werden dürfen. „Computer-assisted instruction" etwa umfasst ganz verschiedene Formen des Computer-Einsatzes. So macht es in der Praxis einen großen Unterschied, um welche Kompetenzen und Inhalte es in der Software geht, wie sie methodisch aufbereitet werden, ob Schüler individuell an und mit ihrem Netbook arbeiten oder ob sie in Reih und Glied in einem gesonderten Computerraum mit derselben Software lernen, ob sie im Frontalunterricht in der Klasse vor dem Whiteboard sitzen oder interaktiv Lösungsversuche durchprobieren.

- Das Maß für den „Erfolg" einer Methode ist eng gewählt. Hatties Erfolgskriterium sind nur Fachleistungen – und diese nur insoweit, als sie überhaupt durch Tests erfassbar sind und zudem beschränkt auf die Hauptfächer. Fachübergreifende Kompetenzen, Einstellungen zum Lernen oder gar langfristige Erträge schulischer Erfahrungen spielen keine Rolle für die Bewertung unterschiedlicher Methoden.
- Die Art und Weise, wie untersuchte Merkmale gemessen wurden, variiert von Studie zu Studie: Lesekompetenz kann beispielsweise mit Wort-Bild-Zuordnungen, Lückensätzen oder Fragen zu einem Text erfasst werden. Dieselben Kinder schneiden aber in den verschiedenen Anforderungsbereichen und Testformaten durchaus unterschiedlich ab. Zudem: Eine Methode, die für die eine Teilleistung förderlich ist, muss es nicht für die andere sein. „Effekte" aus verschiedenen Untersuchungen dürfen also nicht formal zu einem Gesamtwert verrechnet werden.
- Programme oder Methoden werden von verschiedenen Lehrpersonen unterschiedlich umgesetzt. Diese Variationen sind bekannt, werden aber bereits in den Ausgangsstudien meist nicht erfasst, sodass Wirkungen von Praktiken gemessen werden, ohne dass deren Konzepttreue sichergestellt ist. Dabei kommt es für die Wirkung einer pädagogischen Konzeption oder didaktischen Methode sehr darauf an, wie kompetent die Lehrpersonen sind, ob sie beispielsweise auf den Einsatz von Computern im Unterricht vorbereitet wurden und wie motiviert und wie überzeugt sie von einer Intervention sind. In Hatties abstrakten Kennwerten gehen solche Differenzen fast völlig verloren – in seinen persönlichen Folgerungen (vgl. sein viel zitiertes „Auf den Lehrer kommt es an!") spielen sie dagegen eine zentrale Rolle ...
- Eine andere Einschränkung ergibt sich aus dem weiteren soziokulturellen Rahmen. Hatties Befunde stammen aus angelsächsischen Studien, das heißt aus bestimmten Schulkulturen. Sie können somit nicht ohne Weiteres auf andere Länder und ihre Schulsysteme übertragen werden. Zudem stammen sie aus verschiedenen Zeiten.

Von den 114 Metaanalysen zu „computer-assisted instruction“ wurden beispielsweise 25 schon vor 1990 abgeschlossen, weitere 25 vor 2000. Trotz der dramatischen Wandlungen in der Technik und in den Software-Formaten über die letzten Jahrzehnte hinweg werden die Studien gleich behandelt, als ob Unterschiede in diesen Merkmalen irrelevant wären für Nutzung und Wirkungen des Mediums.

- Als Maß für die Überlegenheit einer Methode bzw. eines Programms werden Mittelwertvergleiche mit konkurrierenden Ansätzen herangezogen. Außen vor bleiben die immensen Unterschiede innerhalb der jeweiligen Ansätze. Dabei streuen die Effekte desselben Programms oder derselben Methode meist erheblich – kein Wunder angesichts der erwähnten Unterschiede in der Begrifflichkeit, bei der Umsetzung und hinsichtlich der Randbedingungen. Sie variieren kontextabhängig, und genau diese Kontexte werden in Metaanalysen neutralisiert.

Insofern gilt angesichts von Hatties „Barometer“-Angaben zu verschiedenen Unterrichtsmethoden die folgende Aussage:

Auch standardisierte Daten sind hoch interpretationsbedürftig

Denn Zahlen sprechen nicht für sich. Sowohl in die Metaanalyse selbst als auch in die Deutung ihrer Ergebnisse gehen subjektive Bewertungen ein (vgl. Rolff 2013). Dagegen ist nichts einzuwenden – nur ist damit der Objektivitätsanschein einer bloßen „Verrechnung“ von Daten hinfällig. Trotzdem werden überall Hatties verkürzte Rankingtabellen zitiert; so tauchen bei Helmke (2012, Folie 12) und Köller (2012b, S. 74) offener Unterricht, jahrgangsübergreifendes Lernen und interne Differenzierung in der Globalkategorie „Was hilft nicht und schadet nicht?“ auf. Einerseits warnt Helmke (2012, Folie 21) vor dem „naiven Fehlschluss: STOP von offenem Unterricht“; andererseits urteilt Köller (2012a, S. 1), „dass manche Maßnahmen, denen man in der pädagogischen Diskussion große Bedeutung beimisst (offener Unterricht, jahrgangsübergreifender Unterricht), keine nennenswerten positiven Effekte auf schulisches Lernen haben“.

Kein Wort in Hatties Studie zu den forschungsmethodischen Problemen gerade bei der Evaluation so komplexer Ansätze wie offener Unterricht (vgl. meinen Überblick zu den verschiedenen Achillesfersen der Basisstudien und Metaanalysen; Brügelmann 2009). So wird auch hier der kulturelle und historische Kontext nicht bedacht: Die vier ausgewerteten Metaanalysen beschränken sich auf angelsächsische Studien, die zudem 30 bis 40 Jahre alt sind und insofern auf die deutschen Entwicklungen der letzten Jahre (vgl. etwa Peschel 2002, 2003) nicht so einfach übertragen werden können. Unkommentiert auch die überraschenden Differenzen zu den höheren Effekten etwa von „individualisiertem Lernen" und zu den noch höheren von „entdeckendem Lernen" oder von „Selbstvertrauen der Schüler" (ausführlicher Peschel 2013). Besonders auffällig ist die Differenz zum positiven Einfluss von „nondirektivem" Lehrerverhalten und Hatties Fazit an dieser Stelle (Hattie 2013, S. 143): „In Klassen mit personenzentrierten Lehrpersonen […] lassen sich vermehrt offene Lernsituationen (von Lernenden angeregt und reguliert) feststellen, ebenso wie höhere Leistungs-Outcomes." Diese Widersprüche zu den vorher berichteten niedrigeren Werten für offenen Unterricht (ebda., S. 105 f.) werden nicht aufgeklärt. Ob das, was Hattie mit den jeweiligen Etiketten benennt und unterscheidet, und das, was in einzelnen Basisstudien darunter verstanden wurde, sich wirklich deckt, kann der Leser kaum nachprüfen.

Das (oft missverstandene) „Vorbild" Medizin

In der Medizin hat der Anspruch der Evidenzbasierung schon eine etwas längere Geschichte als in der Pädagogik. Seit seiner Einführung Anfang der 1990er Jahre ist er intensiv und kritisch diskutiert und in wichtigen Punkten relativiert worden (vgl. Weßling 2011). Die Befürworter „evidenzbasierter" Entscheidungen in Bildungspolitik und Unterricht verweisen gerne darauf, anders als die Lehrerschaft seien die Ärzte eine „Profession", die ihre Arbeit an „wissenschaftlichen" Kriterien orientiere. Abgesehen davon, dass die Orientierung an Mittelwerten aus Großstudien auch unter Medizinern umstritten ist (vgl. beispielsweise Albrecht 2012), sieht deren Praxis komplizierter aus, als das Zauberwort „Evidenzbasierung" unterstellt: Selbst wenn Medikament A Medikament B in 85 % der Therapie-Fälle überlegen ist, wird deshalb nicht A über alle Fälle hinweg angewendet und B weggeworfen. Erfolgreich kann ein Arzt nur sein, wenn er die Besonderheiten seiner Patientin (Gewicht, Leberschaden, hoher Blutdruck usw.) und ihre aktuelle Situation berücksichtigt (gereizter Magen, Menstruation, Stress im

Beruf usw.). Ganz zu schweigen von der Wirkung subjektiver Faktoren wie Überzeugtheit des Arztes von der Maßnahme und Glaube der Patientin an ihre Wirksamkeit. Placebo- und Nocebo-Studien haben deren Einfluss eindrucksvoll nachgewiesen (vgl. Jütte u. a. 2010; Heier 2011). Grundsätzlich wird der Einfluss dieser Beziehungsebene selbst in den formalen Variablen des standardisierten Paradigmas sichtbar (vgl. Hattie 2013, S. 141 ff.)

Bescheidener als in den Jubelarien über Hatties „Heiligen Gral der Unterrichtsforschung“ *(Times Educational Supplement)* heißt es in der unter Medizinern viel zitierten Definition von Sackett u.a. (2000, S. 1): „Evidence-based medicine (EBM) is the integration of best research evidence with clinical expertise and patient values [...]“. Die Verantwortung der Abwägung hat also der Arzt vor Ort – und dessen praktische Erfahrung, aber auch die Sichtweise des Patienten stehen gleichrangig neben den Forschungsbefunden. Dies ist eine wichtige Relativierung des Geltungsanspruchs von Ergebnissen aus experimentellen Studien und Reihenuntersuchungen.

Lehrer müssen Forscher werden

Nimmt man dieses dialogische Verständnis auch für Schule und Unterricht ernst, ist man nahe bei dem, was Hattie selbst fordert, wenn er Lehrkräfte zum kreativen und reflektierten Umgang mit seinen Empfehlungen ermuntert, und was Stenhouse (1975, S. 142) bereits vor fast 40 Jahren für die Pädagogik eingeklagt hat: der Lehrer als Forscher, als „experimental colleague“ der Wissenschaftler. Damit kehrt er die übliche Hierarchie um: Die persönliche Erfahrung der Praktiker und Praktikerinnen und kontextbezogene Fallstudien sind nicht *Vorstufe* der eigentlichen Forschung in Großstudien, sondern die *Nagelprobe* für deren Bewährung in einer konkreten Situation. Statistische Befunde bieten Hypothesen. Deren Geltung aber ist von Fall zu Fall neu zu bestimmen: im Blick auf die besonderen Bedingungen der einzelnen Schule oder Lerngruppe und der einzelnen Lernenden. Statistische Kennwerte sind nur Wahrscheinlichkeitsaussagen. Sie machen aufmerksam auf Chancen und auf Risiken einzelner Maßnahmen. Sie erzeugen eine Begründungspflicht, aber sie können das Urteil fachkundiger Personen im Klassenzimmer nicht ersetzen. Deren Qualifizierung erfordert eine stärker reflexionsorientierte Lehrerbildung, die die Wahrnehmungs-

und Deutungskompetenz vor Ort stärkt, statt Datenberge für eine bessere Fern-Sicht (und Fern-Steuerung) zu optimieren (ausführlicher dazu Brügelmann 2011). Insofern ist Hatties niedrige Einschätzung der Wirkungen der Lehrerbildung (Hattie 2013, S. 132) vermutlich wieder eine Folge der bloß formalen Klassifikation nach akademischem Niveau oder Dauer, aber eben nicht nach Qualitäten der konkreten Programme.

Nützt Hatties Überblick wenigstens der Politik?

Erkenntnisse aus großen Stichproben könnten helfen, bildungspolitische Entscheidungen über flächendeckende Maßnahmen besser abzusichern. In der Tat lassen sie erkennen, bei welcher Alternative die Chancen im Mittel größer und die Risiken kleiner sind. Andererseits zeigen schon die wenigen Differenzierungen, die Hattie dankenswerterweise selbst zu seinen Globalbewertungen anmerkt, wie problematisch es generell ist, pädagogische Konzepte oder Methoden zentral vorzugeben. Gerade die große Streuungen *innerhalb* einer jeder Interventionsform machen darauf aufmerksam, wie bedeutsam situative Bedingungen für die Wirkung einer Methode sind. Und dann reichen auch Relativierungen nicht wie in dem Urteil von Spiewak (2013) in der *Zeit:* „Frontalunterricht funktioniert […], aber nur wenn die Lehrkraft wenig redet". Kommt es nicht vielleicht auch darauf an, *was* sie sagt und *wie* sie es sagt? In Metaanalysen aber dominiert Quantität über Qualität.

Bleiben die Strukturentscheidungen. Zunächst ist anzumerken, dass Hattie keine Vergleiche zwischen Gesamtschule und mehrgliedrigen Systemen anstellt, da in den angelsächsischen Ländern gemeinsames Lernen weit über die Grundschulzeit hinaus schon lange die Regel ist. Seine Aussagen (Hattie 2013, S. 88 ff.) beziehen sich vor allem auf die nur geringen Vorteile privater Schulen. Insofern ist ein fataler Fehlschluss, wenn aus Hatties viel zitiertem „Auf den Lehrer kommt es an" gefolgert wird, Schulstrukturen seien grundsätzlich gleichgültig (ausführlicher dazu Lind 2013). Zwar können Organisationsformen guten Unterricht nicht gewährleisten. Aber sie können ihn erleichtern – und behindern. Es reichen wenige Berichte aus dem Alltag bayerischer Familien, um deutlich zu machen, welche dramatischen Auswirkungen das „Grundschulabitur" zur Aufteilung der Viertklässler auf die verschiedenen Schulformen auf Lehrerin und Lehrer und Schülerinnen und Schüler haben kann. Strukturen schlagen da massiv in den pädagogischen Alltag durch. Auch die Pauschalurteile über die Nutzlosigkeit kleiner Klassen oder einer Jahrgangsmischung verkennen, dass es darauf ankommt, *wie* man deren Potenzial nutzt – oder verschenkt.

Hatties Überblick ist ähnlich hilfreich wie die Weitwinkelaufnahme einer Stadt aus der Luft – für Planer, die die Infrastruktur einer Stadt gestalten wollen. Wer dagegen ein einzelnes Haus bauen oder kaufen will, braucht Detailinformationen, die in der Vogelperspektive verlorengehen. Je nach Fragestellung lassen sich deren Unschärfen unterschiedlich interpretieren und bewerten. Was eine häufigkeits- und durchschnittsorientierte Statistik als zu vernachlässigende Randbedingung oder als methodischen Schmutzeffekt betrachtet, kann für den vor Ort Tätigen eine inhaltlich bedingte und deshalb für sein Handeln bedeutsame Besonderheit darstellen.

Was also bleibt als Nutzen für Bildungspolitik und Schulverwaltung? Sie können aus Hatties Daten zwei Folgerungen ziehen. Für flächendeckende Entscheidungen geben ihnen die Wahrscheinlichkeitsaussagen Anhaltspunkte, welche Maßnahme im Durchschnitt größere oder geringere Erfolge verspricht. Je höher aber die Streuung, desto mehr stellt sich die grundsätzliche Frage, wo es überhaupt sinnvoll ist, bestimmte Entscheidungen zentral zu fällen …

Literatur

Albrecht, Harro (2012): Evidenzbasierte Medizin – Lob der Erfahrung. In: Die Zeit, Nr. 19, 03.05.2012. http://www.zeit.de/2012/19/PS-Erfahrung-Alltag-Medzin/komplettansicht.

Arnold, Ivo (2011): John Hattie: Visible learning: A synthesis of over 800 meta-analyses relating to achievement. Book Review. In: International Review of Education, 57 (1–2), S. 219–221. http://link.springer.com/article/10.1007/s11159-011-9198-8.

Bartnitzky, Horst (2004): VERA Deutsch 2004: Ungeeignet und bildungsfern. In: Grundschulverband aktuell, H. 89, S. 10–16.

Bauersfeld, Heinrich (1972): Einige Bemerkungen zum „Frankfurter Projekt“ und zum „alef“-Programm. In: Erwin Schwartz u. a. (Hrsg.), Materialien zum Mathematikunterricht in der Grundschule. Beiträge zur Reform der Grundschule Bd. 13. Frankfurt: Arbeitskreis Grundschule, S. 237–246.

Brügelmann, Hans (2009): Öffnung des Unterrichts. Befunde und Probleme der empirischen Forschung – revisited 2008. In: Hans Brügelmann/Erika Brinkmann: Öffnung des Anfangsunterrichts. Theoretische Prinzipien, unterrichtspraktische Ideen und empirische Befunde. Arbeitsgruppe Primarstufe/Universität: Siegen (1. Aufl. 2008), S. 216–259.

Brügelmann, Hans (2011): Miss Marple neben PISA & Co. – Plädoyer für eine Bildungsforschung, die der Praxis nützt. In: Heinz Moser (Hrsg.): Aus der Empirie lernen? Forschung in der Lehrerbildung. Professionswissen für Lehrerinnen und Lehrer, Bd. 10. Baltmannsweiler: Schneider, S. 221–234.

Gruschka, Andreas (2012): „Empirische Bildungsforschung" am Ausgang ihrer Epoche? Leicht erweiterte Fassung eines Vortrags auf dem Forum 11 zur Tagung „Bildungsforschung 2020 – Herausforderungen und Perspektiven" des BMBF in Berlin vom 29.–30.03.2012. http://forum-kritische-paedagogik.de/start/?p=351.

Hattie, John (2013): Lernen sichtbar machen. Überarbeitete deutschsprachige Ausgabe von „Visible Learning", besorgt von Wolfgang Bewyhl und Klaus Zierer. Baltmannsweiler: Schneider Hohengehren (engl. Orig. 2009).

Heier, Magnus (2011): Nocebo: Wer's glaubt, wird krank. Stuttgart: Hirzel.

Helmke, Andreas (2012): Leistungsorientierung und Leistungsdifferenzierung im Unterricht: unvereinbare Ziele? Folien zum Vortrag. http://www.ed-bs.ch/bildung/pzbs/veranstaltungen/paedagogische-tagung-05.09.2012/referat-helmke.pdf.

Helmke, Andreas (2013): Interview von Volker Reinhardt mit Prof. Andreas Helmke zur Hattie-Studie. In: Lehren und Lernen, 39 (7), S. 9–6.

Higgins, Steve/ Simpson, Adrian (2011): Visible learning. A synthesis of over 800 meta-analyses relating to achievement. By John A. C. Hattie. Review. In: British Journal of Educational Studies, 59 (2), S. 197–218.

Jütte, Robert u.a. (2010): Placebo in der Medizin. Hrsg. von der Bundesärztekammer. Köln: Deutscher Ärzte Verlag.

Köller, Olaf (2012a): Mythen guter Unterrichtspraxis. In: IPN-Blätter, 29 (2), S. 1 und 3.

Köller, Olaf (2012b): What works best in school? Hatties Befunde zu Effekten von Schul- und Unterrichtsvariablen auf Schulleistungen. In: Psychologie in Erziehung und Unterricht, 59 (1), S. 72–78.

Lind, Georg (2013): Meta-Analysen als Wegweiser? Zur Rezeption der Studie von Hattie in der Politik. In: Lehren und Lernen, 39 (7), S. 23–26. http://www.uni-konstanz.de/ag-moral/pdf/Lind-2013_meta-analysen-als-wegweiser.pdf.

McLuhan, Marshall (1968): Die Gutenberg-Galaxis. Düsseldorf: Econ (engl. Orig. 1962).

Metzen, Heinz (2013): John Hatties invisible Learnings. Ein publizistisches Lehrstück forschungsmethodischer und rhetorischer Winkelzüge im Dienste neoliberaler Schulpolitik. Bremen: AG Elementar- und Grundschulpädagogik, Universität Bremen. http://www.grundschulpaedagogik.uni-bremen.de/forschung/juel/mz2013winkelzuege.pdf (in Vorb.).

Meyerhöfer, Wolfram (2007): Was testen Tests? Objektiv-hermeneutische Analysen am Beispiel von TIMSS und PISA. Dissertation am Institut für Mathematik: Universität Potsdam. http://opus.kobv.de/ubp/volltexte/2007/1284/.

Peschel, Falko (2002): Offener Unterricht – Idee – Realität – Perspektive und ein praxiserprobtes Konzept zur Diskussion. Teil I: Allgemeindidaktische Überlegungen. Teil II: Fachdidaktische Überlegungen. Baltmannsweiler: Schneider.

Peschel, Falko (2003): Offener Unterricht – Idee, Realität, Perspektive und ein praxiserprobtes Konzept in der Evaluation. 2. Auflage 2006. Dissertation, Universität: Siegen. Baltmannsweiler: Schneider.

Peschel, Falko (2013): Mr. Hattie und der Offene Unterricht. http://visible-learning.org/de/2013/06/mr-hattie-und-der-offene-unterricht/.

Rolff, Hans-Günter (2013): Die Hattie-Studie: Ein Rorschach-Test. In: Pädagogik, 65 (3), S. 46–49.

Rumpf, Horst (1969): Sachneutrale Unterrichtsbeobachtung. Einige Fragen zu empirischen Forschungsansätzen. In: Zeitschrift für Pädagogik, 15 (3), S. 293–314.

Sackett, David. L./Strauss, Sharon E./Richardson, W. Scott/Rosenberg, William/Haynes, R. Brian (2000): Evidence-based medicine. How to practice and teach EBM. Edinburgh: Livingstone.

Schubert, Kai (2013): Wie nutzen Kinder digitale Medien? Fallstudien der alltäglichen Nutzung von Computer und Internet durch 9- bis 10-jährige Kinder. Dissertation zur Erlangung des Doktorgrades Dr. rer. pol. in der Fakultät III. Universität: Siegen.

Spiewak, Martin (2013): Ich bin superwichtig! In: Die Zeit, Nr. 2, 03.01.2013. http://www.zeit.de/2013/02/Paedagogik-John-Hattie-Visible-Learning.

Steffens, Ulrich/Höfer, Dieter (2012): Zentrale Befunde aus der Schul- und Unterrichtsforschung. Eine Bilanz aus über 50.000 Studien. In: Schulverwaltung Bayern, 35 (2), S. 38–42.

Steffens, Ulrich/Höfer, Dieter (2013): Die Hattie-Studie. Aufschlussreiche und kontrovers diskutierte Befunde. In: Lehren und Lernen, 39 (7), S. 4–8.

Stenhouse, Lawrence (1975): An introduction to curriculum research and development. London: Heinemann (dt. Zusammenfassung in: Zeitschrift für Pädagogik, 19 (3), S. 447–452.

Terhart, Ewald (2011): Hat John Hattie tatsächlich den Heiligen Gral der Schul- und Unterrichtsforschung gefunden? Eine Auseinandersetzung mit Visible Learning. In: Edwin Keiner u. a. (Hrsg.), Metamorphosen der Bildung. Historie – Empirie – Theorie. Festschrift für Heinz-Elmar Tenorth. Bad Heilbrunn: Klinkhardt, S. 277–292. Online: http://forum-kritische-paedagogik.de/start/wp-content/uploads/downloads/2012/11/Terhart-zu-Hattie.pdf.

Turkle, Shelly (1984): Die Wunschmaschine. Vom Entstehen der Computerkultur. Reinbek: Rowohlt.

Turkle, Shelly (1995): Life on the screen: Identity in the age of the internet. New York: Simon & Schuster.

Weßling, Heinrich (2011): Theorie der klinischen Evidenz. Versuch einer Kritik der Evidenzbasierten Medizin. Münster: LIT-Verlag.

Hans-Joachim von Olberg

Evidence-Based Teaching

Hat John Hattie eine Allgemeine Didaktik entwickelt?

John Hatties Unterrichtslehre gehört zur aktuellen angloamerikanischen Strömung „evidenzbasierten Lehrens". Da sie Lernen unter den Bedingungen des Lehrens thematisiert, begründet sie zwar eine spezifische didaktische Konzeption; aber es muss bezweifelt werden, ob sie auch alle erforderlichen Dimensionen einer Theorie Allgemeiner Didaktik abdeckt: Defizite bleiben bei der Verbindung verschiedener Formen didaktischen Wissens, der Begründung von Intentionen, der Berücksichtigung institutioneller Kontexte und der konstitutiven Inhaltsbezogenheit.

Der Selbstanspruch von John Hattie und die Intention von *Visible Learning* gehen über die Analyse von Faktoren effektiven Unterrichts hinaus. John Hattie will mehr sein als ein empirischer Unterrichtsforscher, besonders in der Aufbereitung seiner Meta-Metaanalyse für Lehrkräfte (Hattie 2012) entwirft er für besseres und effektiveres Lehren und Lernen einen Theorierahmen, aus dem Handlungskonsequenzen für die Unterrichtsgestaltung durch Lehrerinnen und Lehrer abgeleitet werden. Er will nicht nur quantitative Indizes und eine geordnete Skala für Effektstärken von Einflussfaktoren auf wirksamen Unterricht zur Verfügung stellen, sondern sein „wesentliches Ziel besteht darin, aus diesen Daten eine ‚Geschichte' zu weben, die überzeugend und kohärent ist" (Hattie 2013, S. 5). Er will nicht nur Informationen über Korrelationen auf einem bislang nicht erreichten Beweisniveau zur Verfügung stellen, sondern den Lehrkräften Vorschläge an die Hand geben und erklären, was sie tun sollen, um bessere Lernergebnisse zu bewirken.

In diesem Beitrag wird zunächst John Hatties Konzept der Gestaltung von Unterricht anhand seines Lehrerhandbuches *Visible Learning for Teachers – Maximizing Impact on Learning* (Hattie 2012) vorgestellt. Im zweiten Schritt werde ich Hatties Ansatz in den Kontext der in den USA und England verbreiteten Vorstellungen von evidenzbasierter Unterrichtslehre einordnen. Abschließend soll eine Antwort auf die Frage versucht werden, ob hiermit eine neue Theorie Allgemeiner Didaktik vorgelegt worden ist. Die erziehungswissenschaftliche Auseinandersetzung mit dem zugrunde liegenden methodologischen Ansatz der Unterrichtsforschung, aus Metaanalysen empirischer Interventionsstudien Erkenntnisse über effektives Lehren und Lernen zu gewinnen, klammere ich hier aus, weil sie in anderen Beiträgen dieses Bandes eingehend und kontrovers behandelt wird.

Visible Learning für Lehrkräfte

Nicht nur auf seinen Homepages (siehe http://www.visiblelearning.de; http://visiblelearningplus.com), sondern auch explizit mit seinem Lehrerhandbuch (Hattie 2012) hat der jetzt in Melbourne lehrende Unterrichtsforscher handlungspraktische Vorschläge zur Unterrichtsgestaltung vorgelegt. Nach diesem Lernmodell werden staatliche und kommerzielle Lehrerfortbildungskurse angeboten sowie Hattie-Schulen organisiert, die nach dem *Visible-Learning*-Ansatz arbeiten. Solche Programme existieren bereits unter anderem in England, Schweden, Norwegen, Australien und Neuseeland und sie werden zurzeit auch für Deutschland vorbereitet. Im Januar 2014 wird die deutsche Übersetzung des Lehrerhandbuchs unter dem Titel *Lernen sichtbar machen für Lehrpersonen* – wiederum besorgt von Wolfgang Beywl und Klaus Zierer – im Schneider Verlag Hohengehren erscheinen. Hattie hat damit seiner empirischen Forschung und seinem Theorieentwurf zu Faktoren effektiven Unterrichts einen vermarktbaren Gestaltungsansatz hinzugefügt, der Vorschläge für das praktische Unterrichten enthält.

Die Forschungsebene und die Gestaltungsebene werden in Hatties Konzept durch zwei starke Klammern verbunden. Zum einen entspricht kongenial der summativen Evaluation von empirischen Interventionsstudien, die Hattie in seiner gigantischen Meta-Meta-Untersuchung ausgewertet hat, eine formative Feedback-Kultur, die er für die Ausgestaltung des Unterrichtsprozesses empfiehlt. Zum anderen leitet er aus seiner analytisch gewonnenen These, dass die Art und Weise des Lehrerhandelns den größten Einfluss auf den Lernfortschritt der Schülerinnen und Schüler habe, die Konsequenz ab, dass man zur praktischen Verbesserung des Lernens primär bei der Veränderung des Lehrerhandelns gegenüber den Lernenden ansetzen müsse. Hatties Unterrichtskonzept hat also einerseits eine Komponente linearer und kausal begründeter Steuerung nach quantitativen Effizienzindikatoren und andererseits eine Komponente prozessorientierter, interaktiver und kommunikativer Prozessgestaltung der Schüler-Lehrer-Beziehung. Es ist eine unhaltbare Interpretation, dass Hattie die Position vertrete, es komme hauptsächlich beim guten Unterricht auf die Lehrerpersönlichkeit an. Richtiger ist vielmehr, dass er die Unterrichtsbefähigungen der Lehrpersonen fokussiert und ihnen einen Doppelblick empfiehlt: Sie sollen sowohl auf die Evidenz von wissenschaftlich belegten Wirkungen schauen als auch den Lernprozess zwischen Lehrenden und Lernenden auf der Beziehungsebene sichtbar werden lassen.

Im Lehrerhandbuch sortiert Hattie eine Fülle von strukturierenden Kategorien und Handlungsvorschlägen (siehe die deutschsprachige Zusammenfassung bei Höfer/Steffens 2012), die er auch bereits zu einem großen Teil in der *Visible-Learning*-Studie artikuliert hat, gegliedert nach fünf Schritten der Gestaltung von Unterrichtprozessen durch Lehrpersonen: Vorbereitung des Unterrichts, Beginn des Unterrichts, Ablauf des Unterrichts (das Lernen, der Stellenwert von Rückmeldungen), Abschluss des Unterrichts. Ich verstehe seine Strukturierung so, dass er nicht ein konventionelles, lineares Phasenschema der Entwicklung von Unterricht durch Lehrkräfte in der Abfolge von Planung, Durchführung und Auswertung vorschlägt, sondern eher ein paralleles Lehrerhandeln auf den Ebenen von Anbieten, Kontrollieren und Rückkoppeln einfordert.

Aus der Fülle seiner Gestaltungsprinzipien und Handlungsvorschläge für effektiven Unterricht seien hier einige charakteristische Anregungen vorgestellt.

Unterrichtsvorbereitung: In der Unterrichtsplanung sollen Lehrkräfte Intentionen und Erfolgskriterien im Rückgriff auf seine Befunde aus *Visible Learning* genau festlegen. Für diese Bestimmung von Zielen schlägt er fünf Elemente vor (vgl. Hattie 2012, S. 52–60):

- Festlegung angemessener Herausforderungen für die Lernenden und ihre Verpflichtung auf die Übernahme von Verantwortung im Lernprozess;
- bei den Lernenden Vertrauen in die Erreichbarkeit der Ziele schaffen;
- hohe Erwartungen an die Lernresultate formulieren;
- die Lernenden dazu führen, sich selbst Ziele zu setzen;

- die Ziele und Erfolgskriterien konzeptionellen Verstehens den Lernenden transparent machen.

Für jede Lerngruppe sollen die Lehrkräfte regelmäßig, umfangreich und differenziert empirische Lerndiagnosen zur Festlegung klassenspezifischer Maße für die anzustrebenden Lernergebnisse durchführen.

Unterrichtsbeginn: Hattie votiert für einen dialogischen Unterrichtsstil, der die Dominanz monologisierender Praxis ablöst. In der Wahl von Methoden sollen die Lehrkräfte sich am Erkenntnisdreischritt *(surface – deep – conceptual)* und an ihrer Effizienz orientieren. Sein Lehrerleitbild ist vom Unterrichtsanfang an das eines Auswerters und Aktivierers (ebda., S. 80–97).

Lernen im Unterrichtsablauf: Lehrkräfte sollen den Schülerinnen und Schülern vielfältige Lernstrategien vermitteln und unterschiedliche Lernwege auf verschiedenen Lernniveaus anbieten: für Anfänger, Fortgeschrittene und umfassend Fachkundige (*novice – capable – proficient*). Auszuwählen sind diese nach empirischen Wirkungsbelegen und danach, wie sie zur angestrebten metakognitiven Reflexion und Selbstregulation der Schülerinnen und Schüler beitragen. Lehrkräfte sollen ein *backward design* der Unterrichtsplanung beherzigen: von den gewünschten Ergebnissen her den Lernprozess strukturieren (ebda., S. 119 f.).

Rückmeldungen im Unterrichtsablauf: Regelmäßiges und prozessbegleitendes Feedback sind ein Herzstück von Hatties Unterrichtskonzept (ebda., S. 129–154):

- vor, während und nach dem Unterricht;
- kurzfristig mündlich und langfristig mit Tests;
- vom Lehrenden zum Lernenden und umgekehrt sowie zwischen den Lernenden.

Unterrichtsabschluss: Der gesamte Lernprozess muss rückschauend aus der Schülerperspektive, aus der Lehrersicht und aus dem Blickwinkel des Curriculums reflektiert werden. Neben der Verknüpfung von formativen und summativen Evaluationsverfahren spricht sich Hattie besonders für diskursive und deliberative Vorgehensweisen aus (ebda., S. 155–165).

Das Schlusskapitel seines Lehrerhandbuchs bildet eine Auflistung von wünschenswerten Denkweisen und Überzeugungen *(mind frames, beliefs)* für die Reform von Schulsystem, Schulleitungen und Lehrerhandeln auf dem Wege zu wirksamem, sichtbar gemachtem Lernen. Die Ausführungen von Hattie zur Schulentwicklung fallen dabei kurz und eher blass aus, weil er ja grundsätzlich davon überzeugt ist, dass Investitionen in Ressourcen der Schulen wegen ihrer geringeren Wirkungsgrade eher nachrangig sind. Es geht ihm mit der Formulierung von acht Leitsätzen für Lehrpersonen und Führungskräfte (Hattie 2012, S. 182–189) vor allem um einen Referenzrahmen für die Steigerung der Effektivität von Lehrerhandeln in der Schule:

- Sie sind überzeugt von der fundamentalen Aufgabe der Evaluation der Wirkungen ihres Lehrens auf Schülerleistungen.
- Schulpädagogen sind Agenten des Wandels. Sie glauben, dass der Erfolg oder Misserfolg von Schülerinnen und Schülern davon abhängt, was sie getan oder unterlassen haben.
- Lehrkräfte und Schulleitungen wollen mehr über das Lernen als das Lehren sprechen.
- Sie sehen in bewerteten Schülerleistungen eine Rückmeldung über Wirkungen ihres eigenen Handelns.
- Sie engagieren sich mehr in Dialogen als in Monologen.
- Sie freuen sich über Herausforderungen und lassen nie nach, ihr Bestes zu geben.
- Sie vertrauen darauf, dass es ihre Rolle ist, positive Beziehungen in Klasse und Kollegium zu entwickeln.
- Schulleitungen wie Lehrerinnen und Lehrer informieren alle Beteiligten über die Fachsprache des Lernens.

Insgesamt benutzt Hattie für sein Vorhaben dabei nie Begriffe wie „didaktisch“ oder „Didaktik“. Dies ist im englischen Sprachraum – im Unterschied etwa zu Spanien, Italien, Japan und Skandinavien – ungebräuchlich. Hier spricht man seit Jahrzehnten von „Instructional Design“, wenn man die unterrichtliche Gestaltung von Lehr-Lern-Prozessen meint (vgl. Seel/Hanke 2011 und Seel/Zierer 2012). Gleichwohl übertragen die deutschen Übersetzer von *Visible Learning* die Kategorien „instructional methods and designs“ mit „Unterrichtsmethoden und didaktische Designs“ (Hattie 2013, S. 16) und sie kennzeichnen Hatties Theorie umstandslos als „allgemeindidaktisch“ (ebda., S. XI).

Nun könnte man vereinfacht annehmen, dass es Hatties Denkweise sei, „eine evidenzbasierte Theorie, die ausgehend von empirischen Ergebnissen versucht, ein fundiertes Lehr-Lern-Modell – als ‚Visible Learning‘ bezeichnet – zu entwickeln, […] um dadurch für das professionelle Handeln Orientierung und Halt zu geben“ (Beywl/Zierer, in: Hattie 2013, S. XI).

Man könnte also meinen, Hatties Unterrichtskonzeption sei einfach eine Anwendungslehre von Effektstärkenwissen aus seiner Mega-Studie. Dies ist aber von dem neuseeländischen Erziehungswissenschaftler nicht so simpel und linear als Ableitungsvorgang gedacht. Immer wieder wendet er sich in seinen Büchern gegen eine rein empirische und evidenzbasierte Pädagogik. Vielmehr betont er, dass zwischen die Rezeption der Ergebnisse seiner summierenden Unterrichtsforschung und die Formulierung von unterrichtlichen Handlungsstrategien der Lehrenden deren reflexive und kooperative Transformation treten muss: die „kritische Reflexion im Lichte der Evidenz“ (ebda., S. 281). Das Ziel bleibt wirksamerer Unterricht auf der Grundlage empirischer Erkenntnisse aus unzähligen empirischen Untersuchungen darüber, welche Lernarrangements die besseren Lernergebnisse bei den Lernenden hervorrufen. Aber Hatties Weg beginnt – allerdings in instrumenteller Weise – bei dem Erfahrungswissen der Lehrerinnen und Lehrer und führt über die Auseinandersetzung mit den Erkenntnissen der quantitativen Unterrichtsforschung zur Veränderung von unterrichtlichen Handlungsweisen der Lehrenden in ihrem eigenen Unterricht.

> „To encourage teachers to adopt some of the 'theories of practice' outlined in this book requires not lecturing or hectoring them, but starting with listening to these theories of practice, and then seeing how their own theories can be modified or enhanced to consider the fundamental message about them knowing their impact – as the starting point for having theories (not the end point)." (Hattie 2012, S. 160)

Zwar besagt der Untertitel von Hatties Lehrerhandbuch unmissverständlich, worum es ihm geht: *die Maximierung der Wirkungen des Unterrichts* auf der Basis von generalisierten Erkenntnissen der Unterrichtsforschung, aber zugleich zitiert er zustimmend John Dewey aus seiner Logik von 1938: „Empirische Belege liefern uns keine Regeln für Aktivitäten, sondern lediglich Hypothesen für intelligentes Problemlösen und Stoff für Überlegungen in Bezug auf unsere Bildungsziele.“ (Hattie 2013, S. 291)

Es existiert zurzeit in Deutschland noch eine sehr selektive und reduzierte Sicht auf Hatties Theorie. In ihr kommt fast nur die Liste mit 150 Einflussfaktoren auf wirksamen Unterricht vor, die abstrahiert worden sind aus 931 ausgewerteten Metastudien und akribisch geordnet wurden nach dem Maß der Effektstärke *d* zwischen +1.44 und –0.34 (vgl. Hattie 2012, S. 211–268). Im Jahre 2009 waren es noch 815 Metastudien und 138 Einflussfaktoren (Hattie 2013, S. 379–439). Man sieht: Die Rangskala wächst ständig, die Fundierung durch Basisdaten wird breiter, einige Einflussfaktoren mussten die Etage wechseln und *Response to Intervention* mit d = +1.07 zog sogar in die dritte Etage von oben ganz neu ein. Das zeigt: Völlig festgemauert ist die empirische Evidenzbasis dann doch nicht!

Die reduzierende Sicht auf Hatties Forschung ist auch geprägt von Wunschdenken. Einmal nähren einige Äußerungen von Hattie selbst die Hoffnung, mit seiner Mega-Studie endlich eine festgefügte und gesicherte, allen pädagogischen Streites enthobene Grundlage für Unterrichtsentscheidungen zur Verfügung zu stellen. Und zum anderen sind viele Rezipienten seiner Resultate motiviert durch überzogene Erwartungen und Projektionen, aus dem unendlichen Richtungskampf zwischen progressiven und konservativen Unterrichtskonzepten herausgeführt und von der belastenden Gestaltungsunsicherheit in jeder neuen Unterrichtssituation erlöst zu werden.

Eine Reihe von anderen Begründungselementen in Hatties Unterrichtskonzept werden dagegen oft viel zu wenig beachtet:

- Sein immer wieder emphatisch ausgeschmücktes Ideal von Lehrenden, die fürsorglich, leidenschaftlich, enthusiastisch, engagiert, begeisternd und freundschaftlich handeln sowie Sendungsbewusstsein besitzen, ist kaum empirisch abgesichert, sondern eher eine normative Setzung aus pädagogischem Ethos (vgl. Hattie 2013, S. 27–30).
- Er benutzt oft geradezu literarische Metaphern für die gewünschte Lehrer-Schüler-Interaktion: emotionale Zuwendung *(mission)*, wechselseitige Optik *(visibility)* und gemeinsame Reise *(journey)*. Auch diese Bilder überschreiten ein analytisches Wissenschaftsverständnis hin zu einem präskriptiven Entwurfsdenken.
- Die scheinbar nur lineare und additive Kausalität zwischen jeweils einer unterrichtlichen Interventionsart und der Höhe des Lernzuwachses der Schülerinnen und Schüler, die die Effektstärkenliste nahelegt, wird von Hattie selbst in nahezu allen näheren Erläuterungen von *Visible Learning* (Hattie 2013, S. 47–308) und dem entsprechenden Lehrerhandbuch (Hattie 2012, S. 39–165) durchbrochen von konkreten Hinweisen auf das Zusammenspiel vieler intervenierender Variablen, die das Ergebnis der isolierten Betrachtung eines einzelnen Einflussfaktors gelegentlich sogar auf den Kopf stellen.
- Hattie legt seinem Lehr-Lern-Konzept ein Wissens- und Erkenntnismodell zugrunde, das durchaus konstruktivistische Aspekte ein-

> schließt. Im Anschluss an Biggs und Collis, Bransford sowie Bereiter unterscheidet er drei Lernebenen. Auf der Oberflächenebene geht es um den Erwerb von Faktenkenntnis (Wissen, *surface*), auf der Tiefenebene um Erkenntnisgewinnung durch eigene Reflexion (Denken, *deep*) und auf der dritten, epistemologischen Ebene um Integration (Konstruktion, *conceptual*) (Hattie 2013, S. 32–36; Hattie 2012, S. 60f.). Nicht alles Lernen ist nach Hattie Selbstkonstruktion von Wissen des Lernenden, aber dieser Gedanke markiert das höchste Ziel allen Unterrichts, nicht allerdings seinen Weg.

Vor diesem Hintergrund ist es durchaus möglich, mit Beywl und Zierer das Konstruktionsprinzip von Hatties Theorie als „eklektisch" zu bezeichnen (Hattie 2013, S. XI). Ich möchte hier jedoch zur Diskussion stellen, ob man Hatties Unterrichtsforschung und Unterrichtslehre nicht mit den Worten des österreichischen Erziehungswissenschaftlers Herbert Schwetz eine „evidenzbasierte Didaktik" (Schwetz 2013) nennen könnte. Evidenzbasiert deshalb, weil sie beansprucht, Einflussfaktoren auf guten Unterricht empirisch beweiskräftig zu fundieren, und didaktisch, weil sie explizit der handlungspraktischen Orientierung von Lehrkräften für ihre Unterrichtsgestaltung dienen will.

Evidence-Based Teaching

Die angloamerikanische Denkweise über die Gestaltung von Lehr-Lern-Prozessen, an der auch John Hattie partizipiert, hat andere Ausgangspunkte und Traditionen als die deutsche bzw. kontinentaleuropäische (siehe zu den Bemühungen um einen europäischen Didaktik-Diskurs bei Meyer 2011 und Hudson/Meyer 2011). Die Zugangsweise der englischsprachigen Welt ist eher hervorgegangen aus empirischen und lerntheoretischen Forschungen, der europäisch-deutsche Zugriff wurde dagegen stark geprägt von der Bildungsphilosophie und von praktischen Unterrichtslehren. An dieser Stelle ist die Frage zu stellen, ob es nicht angesichts der langen transkontinentalen Beziehungsgeschichte des Nachdenkens über Unterricht im 20. Jahrhundert einfach nur albern wäre, im Jahre 2013 allen Vorstellungen der Unterrichtsgestaltung aus den USA, England und Australien/Neuseeland den vierhundert Jahre alten Ehrentitel „Didaktik" zu verwehren?

Wie oben bereits erwähnt, haben am Beispiel des *Instructional Design* jüngst einige Analysen gezeigt, dass es im Vergleich zur Allgemeinen Didaktik wohl eher um Akzentunterschiede und parallele Theoriekonzepte als um Revierausgrenzungen gehen kann (vgl. Seel/Hanke 2011; Seel/Zierer 2012; Terhart 2012). Hier soll nur an einem kleinen älteren Beispiel gezeigt werden, dass auch schon früher der Didaktikbegriff auf angloamerikanische Forschungen zur Unterrichtsgestaltung angewandt worden ist. Heinrich Roth schrieb 1957 nach einem längeren USA-Aufenthalt in seinem didaktischen Standardwerk *Psychologie des Lehrens und Lernens*: „In der deutschen Pädagogik ist das, was die amerikanische Psychologie in der Lernpsychologie erforscht, fast zur Gänze in dem enthalten, was bei uns Didaktik und Methodik heißt" (Roth 1958, S. 197). Und 1965 veröffentlichte Roth dann die deutsche Übersetzung von Robert Gagnés kognitivistisch inspiriertem Lehr-Lern-Modell *The Conditions of Learning*, dem ersten Hauptwerk des *Instructional Design*, in den von ihm herausgegebenen „Beiträge(n) zu einer neuen Didaktik. Reihe A: Allgemeine Didaktik" (Gagné 1965/1980). Beide, Roth und Gagné, haben zwischen Ende der 1950er und Beginn der 1980er Jahre das mitbestimmt, was in Deutschland seinerzeit unter Didaktik verstanden worden ist.

Aber Hatties Unterrichtskonzept muss nicht nur in die längerfristigen Entwicklungen seit 1945 eingeordnet werden, sondern auch in die jüngsten Veränderungen auf der englischsprachigen Seite. Hattie ist mit seiner Meta-Metastudie nicht der erste Unterrichtsforscher, der nach dieser Methode Daten gewonnen und praktische Konsequenzen gezogen hat (einen Überblick geben Seidel/Shavelson 2007). Hier sind beispielsweise auch Herbert J. Walberg und Robert J. Marzano zu nennen. John Hattie gebührt zwar das Erstgeburtsrecht für die Idee, eine Metastudie über Metastudien herzustellen. Aber er war nicht der erste Wissenschaftler, der versucht hat, Leitlinien für die praktische Gestaltung effektiven Unterrichts aus solchen Metastudien zu gewinnen.

Marzanos und seine Mitarbeiter haben jüngst eine ganz ähnliche Unterrichtslehre wie Hatties *Visible Learning for Teachers* veröffentlicht (Dean 2011), die in gleicher Weise aus Befunden empirisch-quantitativer Meta-Untersuchungen der Unterrichtsforschung Gestaltungsvorschläge für die Planung und Durchführung von Unterricht ableitet. Eine entsprechende Internetplattform der *ASCD (Association of Supervision and Curriculum Development)* bietet darüber hinaus gegen Bezahlung eine Fülle weiterer

Literatur und Handreichungen dieser Art für den Schulpraktiker. Marzano selbst hat 2007 ein Rahmenkonzept für effektive Instruktion veröffentlicht, dass in jedem der zehn Kapitel nach dem Dreischritt:

- *In the Classroom* (Was ist üblich?),
- *Research and Theory* (Was sagt die Forschung?),
- *Action Steps* (Wie kann man besser handeln?)

gegliedert ist. Man hat hier eine weitere Variante forschungsbasierter Unterrichtslehre eines Metastudien-Produzenten vor sich.

In England gibt es eine parallele Entwicklung. Der Lehrerfortbildungsfachmann Geoff Petty hat erstmalig 2006 eine metastudienbasierte Unterrichtslehre unter dem bezeichnenden Titel *Evidence-Based Teaching* publiziert (Petty 2009). Er nimmt ganz konkret die Forschungsergebnisse von Marzano und Zwischenberichte über die Meta-Metastudie von Hattie und entwirft auf dieser Erkenntnisgrundlage – ohne sich sklavisch an die Methodologie dieser Forschungsrichtung zu halten – allgemeine Unterrichtsprinzipien: „Extracting general prinziples from effect-size studies“ (ebda., S. III). In einem einfachen Aufbaumuster von unverzichtbaren Abschnitten für Lehr-Lern-Prozesse, das er „PAR-model“ (*Present – Apply – Review*; siehe Abb. 1) nennt, bündelt er die Einzelfaktoren mit Effektstärkenangaben aus Marzanos Metaanalyse (ebda., S. 80): Man soll immer einen Überblick zur Lektion geben (maximal 35 % der Lerneinheit), das Lernangebot vorstellen (mindestens 60 %), zusammenfassen und das neu Gelernte vertiefen (mindestens 5 %), und jeder Abschnitt muss begleitet werden von Rückkoppelungen für Lehrende und Lernende, so wie Hattie es auch wünscht.

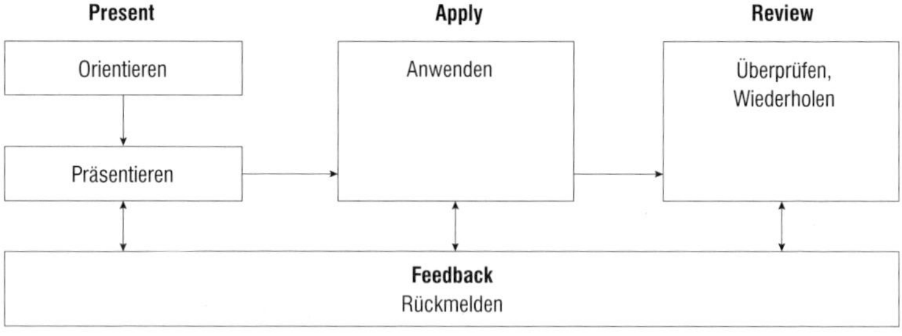

Abb. 1: Das PAR – Modell von Geoff Petty (Petty 2009, S. 170 – 172)

Inzwischen arbeiten Marzano, Hattie und Petty in der Internetplattform *EBTN (Evidence Based Teachers Network)* eng zusammen (siehe EBTN

2013). Vor diesem Hintergrund stellt sich die Frage noch schärfer, ob die Konzeption von *Evidence-Based Teaching* dieser Gruppierung nicht bei uns schlicht „evidenzbasierte Didaktik“ genannt werden könnte.

Anforderungen an eine Allgemeine Didaktik

Didaktik ist eine pädagogische Denkform mit inzwischen exakt vierhundertjähriger Geschichte (vgl. Wigger 2004). Von Allgemeiner Didaktik spricht man, wenn sie fächerübergreifend angelegt ist und die Spezifika von pädagogischen Arbeitsfeldern überschreitet. Im Jahre 1612 benutzte Wolfgang Ratke in einer Denkschrift für den in Frankfurt am Main tagenden Reichstag erstmals den Begriff im Sinne von „Lehrkunst bzw. Lehrart“. In den folgenden Jahrhunderten wurde diese Bezeichnung mit immer wieder anderen Bedeutungsschwerpunkten verwendet. Johann Amos Comenius entwickelte Mitte des 17. Jahrhunderts in seiner „didactica magna“ eine theologische und universalphilosophische Gesamttheorie der Verbesserung der Menschen mit dem Kern einer Verbindung von umfassender Schultheorie und universeller Lehrweise für alle Lebensabschnitte. Der philanthropische Lehrer und Professor Ernst Christian Trapp publizierte Ende des 18. Jahrhunderts eine auf exakten empirischen und psychologischen Beobachtungen fußende didaktische Konzeption. Johann Friedrich Herbart etablierte zu Beginn des 19. Jahrhunderts seine auf Ethik und Psychologie aufbauende Theorie des erziehenden Unterrichts, die vornehmlich bildungstheoretisch argumentierte. Comenius und Herbart wurden jeweils weltweit rezipiert. Der österreichische Herbartianer Otto Willmann entwarf dann Ende des 19. Jahrhunderts die Didaktik als Bildungslehre, die schul- und bildungsgeschichtlich kontextiert war. Wolfgang Klafki, um diesen kurzen theoriegeschichtlichen Exkurs abzuschließen, vertritt seit 1958 eine Didaktik in der Tradition einer geisteswissenschaftlichen Theorie der Bildungsinhalte und des Lehrplans, die er seit 1970 ganz bewusst und konstruktiv auf eine Pluralität von historisch-hermeneutischen, empirisch-analytischen und kritisch-emanzipatorischen Wissenschaftsverständnissen bezieht. Man sieht hieran, dass eigentlich Wandlungsfähigkeit die Stärke der Didaktik ist und dass es nicht ein starres, unverändertes Paradigma der Didaktik gibt. Allenfalls könnte man formulieren, dass Didaktik immer einen bestimmten Aspekt gesellschaftlichen Handelns zu ihrem Gegenstand gemacht hat: Das

Lernen unter den Bedingungen des Lehrens; und dies trifft sicher auch auf „Evidence-Based Teaching" zu. Fraglich ist allerdings, ob diese auch die konstitutiven Funktionen der Begründung von Zielen, der institutionellen Einbettung und der Inhaltsbezogenheit von Lehren und Lernen löst.

Friedrich W. Kron hat einen systematischen Versuch der Ordnung verschiedener Gegenstandsverständnisse der Didaktik des 20. Jahrhunderts nach ihrer Reichweite entwickelt (Kron 2008, S. 36): Die fünf Typen der Bestimmung beginnen bei *(1) Didaktik als Wissenschaft vom Lehren und Lernen* mit dem weitesten Geltungsumfang. Darauf folgen abgestuft und immer enger werdend *(2) Didaktik als Theorie oder Wissenschaft vom Unterricht, (3) Didaktik als Theorie der Bildungsinhalte, (4) Didaktik als Theorie der Steuerung von Lernprozessen* und schließlich *(5) Didaktik als Anwendung psychologischer Lehr- und Lerntheorien*, mit der geringsten Reichweite. Am ehesten wird man Hatties Konzeption noch dem 4. und 5. Didaktik-Verständnis zuordnen können.

Eine kuriose Seite des Didaktik-Diskurses ist, dass neben ihrer immensen Ausdifferenzierung in Fachdidaktiken, Bereichsdidaktiken und Didaktiken bestimmter pädagogischer Handlungsfelder eine schier unübersehbare Menge von Strömungen konzeptioneller Art vertreten werden: adaptive, bildungstheoretische, curriculare, dialogische, empirische und so fort Allgemeindidaktiken wurden auf den Markt geworfen. Leicht ließen sich über 50 solcher Richtungs-Didaktiken aufzählen, die jeweils einen Aspekt des Lehr-Lern-Geschehens herausstellen (siehe Kron 2008, S. 65 f.). Diese Diffusität der Szene ist wohl durch die Tendenz zur Pädagogisierung vieler gesellschaftlicher Bereiche, durch die Pluralisierung der pädagogischen Theoriepositionen und das immense Wachstum der pädagogischen Literaturproduktion verursacht. Die Evidenzbasierung wird vielleicht eine weitere Aspekt-Didaktik hinzufügen, aber auch nicht viel zur Klärung des inzwischen arg verwaschenen und konturlosen Grundverständnisses der Allgemeinen Didaktik als Wissensform von Lehr-Lern-Prozessen beitragen.

Denn erschwerend kommt hinzu, dass der erziehungswissenschaftlichen Teildisziplin Didaktik aus anderen Wissenschaftsdisziplinen Konkurrenz erwachsen ist. Schon seit einigen Jahrzehnten und gerade auch mit der angloamerikanischen Zugangsweise eng verknüpft hat sich die empirisch-psychologisch akzentuierte Lehr-Lern-Forschung etabliert und den Anspruch erhoben, selbst handlungspraktische Konsequenzen für die Gestaltung von Lehr-Lern-Situationen aus ihren Erkenntnissen zu ziehen (siehe jüngst z. B.

Kunter/Trautwein 2013). Die Konjunktur und Berechtigung der Lehr-Lern-Forschung ist spiegelbildlich begründet in dem eklatanten Empiriedefizit der erziehungswissenschaftlichen Didaktik (vgl. Olberg 2004) und dürfte auf die unabweisbare Notwendigkeit der interdisziplinären Kooperation verweisen. Sicherlich wird man Hatties quantitative und metaanalytische Publikationen zur relevanten Grundlagenforschung für eine interdisziplinäre Didaktik rechnen müssen. Auch neurowissenschaftliche Zugänge beanspruchen, das Feld der Lehr-Lern-Konzepte zu besetzen. Es ist viel von „gehirngerechtem Lernen" und „Neurodidaktik" die Rede. Allerdings sind die Dimensionen der Thematisierung des Lehrens und der Entwicklung von entsprechenden Methoden bislang noch sehr unterentwickelt und stehen damit in einem eigentümlichen Kontrast zu den überzogenen Erklärungsansprüchen ihrer Vertreter (vgl. Stern 2007; G. Roth 2011, S. 253–313). Man wird aber nicht bestreiten können, dass die Neurowissenschaften wichtiges, wenn auch noch sehr allgemeines physiologisches Grundlagenwissen über das menschliche Lernen für eine interdisziplinär fundierte Didaktik bereitstellen.

Eine deutliche Einschränkung gegenüber der Zuschreibung, dass Hattie eine „evidenzbasierte Didaktik" entwickelt habe, wird man schließlich anführen müssen, wenn man Didaktik als eine mehrschichtige Wissensform vom Lernen unter den Bedingungen des Lehrens versteht (vgl. Abb. 2). Wir hatten oben gesehen, dass Hattie vorwissenschaftliches Erfahrungswissen als eine zu überwindende Denkweise ansieht, die in der Konfrontation mit Erkenntnissen aus seiner Mega-Studie über effektiven Unterricht zu modifizieren sei. Dies ist eine sozialtechnologische Sicht auf den Umgang mit Wissenschaft in unterrichtspraktischen Handlungszusammenhängen. Man

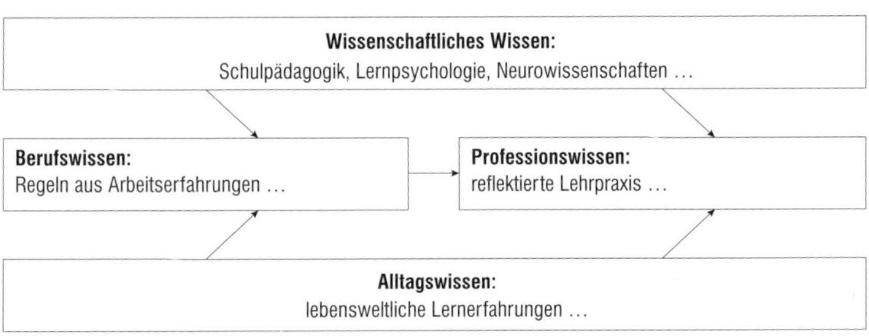

Abb. 2: Wissensformen der Didaktik

muss dem eine epistemologisch reflektierte Perspektive entgegenstellen, die a) den Eigenwert von lebensweltlich, zum Beispiel aus der Schülerperspektive erworbenem Didaktik-Wissen über Lehr-Lern-Situationen mit b) der Dignität von dem in der Geschichte der Lehrerarbeit an Schulen zusammengetragenen und weitergegebenen Berufs- und Regelwissen über die Gestaltung von Lehr-Lern-Prozessen und c) den systematisch und methodisch kontrolliert gewonnenen Erkenntnissen der Erziehungswissenschaft, Psychologie und Neurowissenschaften produktiv miteinander in Beziehung setzt. Es ist d) die Aufgabe einer didaktischen Erkenntniskritik, diese drei auch historisch unterscheidbaren Wissensebenen dauerhaft in einem auch biografisch zur Professionalität sich steigernden Prozess zu verknüpfen.

Professionelles Lehren und Lernen entsteht nämlich nicht aus der einfachen Anwendung von quantitativen empirischen Erkenntnissen auf das Handeln in Praxissituationen, sondern es ist der unvermeidlichen Situativität und Komplexität von je konkretem Unterricht nur angemessen, wenn qualifiziert handelnde Lehrkräfte als reflektierte Praktiker eigenverantwortlich ihr Erfahrungswissen als Lernende und die Teilhabe an den Wissensbeständen ihrer Berufsgruppe produktiv und authentisch mit wissenschaftlichen Erkenntnissen der Wissenschaften vom Lehren und Lernen verbinden.

Fundierung von didaktischem Handeln durch Empirie hätte also über die Auswertung von Effektstärken in allen bislang publizierten experimentellen Interventionsstudien hinaus auch qualitative Studien über Unterricht zu berücksichtigen und selbst Forschung zur Verwendung von allen didaktischen Wissensformen im Unterrichtsalltag sowie zur Genese von didaktisch-professionellem Wissen als Basis guten Unterrichts im biografischen Prozess beruflicher Bildung von Lehrkräften zu betreiben. Letzteres markiert eine deutliche Lücke didaktischer Forschung.

Evidenzbasierte Didaktik à la Marzano, Petty und Hattie wird sich auch deshalb nur zu einer neuen eindimensionalen Aspekt-Didaktik entwickeln, weil sie weitere notwendige Merkmale entwickelten didaktischen Denkens ausblendet. Sie reflektiert nicht hinreichend die Intentionen und Zwecke des Handelns in Lehr-Lern-Situationen (Defizit der Zielbegründung) (vgl. Bellmann/Müller 2011), sie hat ein eigentümlich zurückhaltendes Verhältnis zu den Wechselwirkungen von Lehren und Lernen mit ihren institutionellen Rahmenbedingungen (schultheoretisches Defizit), und sie blendet nahezu völlig die konstitutive Bedeutung der Auseinandersetzung mit Lerngegenständen (Defizit des Curriculumbezugs) bei der Gestaltung von Unterricht aus. Gleichwohl wird sich die Allgemeine Didaktik – herausgefordert von John Hattie – in Zukunft mit den generellen Faktoren effektstarken Unterrichtens argumentativ verstärkt auseinandersetzen müssen.

Literatur

Bellmann, Johannes/Müller, Thomas (2011): Wissen, was wirkt. Kritik evidenzbasierter Pädagogik. Wiesbaden: VS-Verlag.

Dean, Ceri B. u. a. (2011): Classroom instruction that works. Research-based strategies for increasing student achievement. 2. Auflage. Denver USA: McRel.

EBTN = Evidence Based Teachers Network (2013). Cambridge Großbritannien. http://www.ebtn.org (Zugriff: 28.09.2013).

Gagné, Robert M. (1980): Die Bedingungen des menschlichen Lernens. 5. Auflage. Hannover: Schroedel (zuerst: 1965).

Hattie, John (2009): Visible learning. A synthesis of 800+ meta-analyses on achievement. London, New York: Routledge.

Hattie, John (2012): Visible learning for teachers. Maximizing impact on learning. London, New York: Routledge.

Hattie, John (2013): Lernen sichtbar machen. Überarbeitete deutschsprachige Ausgabe von „Visible Learning", besorgt von Wolfgang Beywl und Klaus Zierer. Baltmannsweiler: Schneider Hohengehren.

Helmke, Andreas (2013): Interview zur Hattie-Studie mit Volker Reinhardt. In: Lehren & Lernen. Zeitschrift für Schule und Innovation aus Baden-Württemberg, 39, S. 9–16.

Höfer, Dieter/Steffens, Ulrich (2012). „Visible Learning for Teachers – Maximizing impact on learning" – Zusammenfassung der praxisorientierten Konsequenzen aus der Forschungsbilanz von John Hattie „Visible Learning", 26. September 2012. http://www.visiblelearning.de/wp-content/uploads/2013/04/Hattie-2_Veroeff_Zsfa_2012_09_26.pdf (Zugriff: 07.09.2012).

Hudson, Brain/Meyer, Meinert A. (Hrsg.) (2011): Beyond fragmentation. Didactics, learning and teaching in Europe. Opladen, Farmington Hills: Barbara Budrich.

Kron, Friedrich W. (2008): Grundwissen Didaktik. 5. Auflage. München: Reinhardt.

Kunter, Mareike/Trautwein, Ulrich (2013): Psychologie des Unterrichts. UTB, 3895. Paderborn: Schöningh.

Marzano, Robert. J. (2007): The art and science of teaching. Alexandria USA: ASCD – Association of Supervision and Curriculum Development.

Meyer, Meinert A. (Hrsg.) (2011): Schwerpunkt: Didactics in Europe. In: Zeitschrift für Erziehungswissenschaft, 15, S. 443–571.

Olberg, Hans-Joachim von (2004): Didaktik auf dem Wege zur Vermittlungswissenschaft? In: Zeitschrift für Pädagogik, 50, S. 119–131.

Petty, Geoff (2009): Evidence-based teaching. A practical approach. 2. Auflage. Cheltenham: Nelson Thornes.

Roth, Gerhard (2011): Bildung braucht Persönlichkeit. Wie Lernen gelingt. Stuttgart: Klett-Cotta.

Roth, Heinrich (1958): Pädagogische Psychologie des Lehrens und Lernens. 2. Auflage. Hannover: Schrödel.

Schwetz, Herbert (2013): Für eine evidenzbasierte Didaktik. Vortragsthema beim ersten Fachliteraturzirkel an der Pädagogischen Hochschule Steiermark in Graz. http://www.phst.at/studierende/nachrichten/ (Zugriff: 07.09.2013).

Seel, Norbert M./Hanke, Ulrike (2011): Unterrichtsgestaltung als Instructional Design. The American Way. In: Ewald Kiel/Klaus Zierer (Hrsg.): Geschichte der Unterrichtsgestaltung. Baltmannsweiler: Schneider Hohengehren, S. 185–201.

Seel, Norbert M./Zierer, Klaus (2012): General didactics and instructional design. Living in parallel worlds. In: Jahrbuch für Allgemeine Didaktik, S. 77–107.

Seidel, Tina/Shavelson, Richard J. (2007): Teaching effectiveness research in the past decade. The role of theory and research design in disentangling meta-analysis results. In: Review of Educational Research, 77, S. 454–499.

Stern, Elsbeth u.a. (2007): Lehr-Lernforschung und Neurowissenschaften – Erwartungen, Befunde und Forschungsperspektiven. Berlin: Bundesministerium für Bildung und Forschung.

Terhart, Ewald (2012): Drifting Didactics. In: Jahrbuch für Allgemeine Didaktik, S. 65–76.

Terhart, Ewald (2013): Hat John Hattie tatsächlich den Heiligen Gral der Schul- und Unterrichtsforschung gefunden? Eine Auseinandersetzung mit „Visible Learning“. In: ders.: Erziehungswissenschaft und Lehrerbildung. Münster: Waxmann, S. 167–183 (zuerst: 2011).

Wigger, Lothar (2004): Didaktik. In: Benner, Dietrich/Oelkers, Jürgen (Hrsg.): Historisches Wörterbuch der Pädagogik. Weinheim Basel: Beltz, S. 244–278.

Hans-Günter Rolff

Sind schulische Strukturfaktoren wirklich nicht so wichtig?

Hattie und das deutsche Schulsystem

Hattie untersucht fast ausschließlich Schulen, die aus dem anglophonen Raum stammen und die eine gesamtschulische Strukturorganisation aufweisen, also keine so frühe Auslese auf weiterführende Schulformen praktizieren wie die deutschen Schulen. Seine Ergebnisse zu Aspekten der Schulstruktur lassen sich deswegen gar nicht auf das deutsche Schulsystem übertragen. Die Schulstrukturfrage kann allein schon deshalb nicht als unwichtig angesehen werden, wie manche Hattie-Interpreten das wünschen, weil der durch die PISA-Studien belegte Umstand zu beachten ist, dass mehrgliedrige Schulsysteme eine deutlich schärfere soziale Selektion der Schülerinnen und Schüler betreiben als Gesamtschulsysteme.

Die Hattie-Studie wird häufig und gern zitiert als Beleg dafür, dass Rahmenbedingungen und die Schulstruktur irrelevant seien, zumindest was deren Einfluss auf die Leistungen der Schülerinnen und Schüler betrifft. Abgesehen davon, dass diese Aussage am Kern der Strukturdebatte vorbeigeht, sind diese Aussagen zur Irrelevanz der Rahmenbedingungen und der Schulstruktur ganz und gar nicht mit Daten aus der Hattie-Studie zu belegen.

Typisch dafür, die Schulstruktur als unwichtig zu erklären, sind die beiden folgenden von der Öffentlichkeit weit rezipierten Zitate. So hat der bekannte Bildungsjournalist Martin Spiewak in der *Zeit* geschrieben: „Doch warum glaubt die Politik noch immer, Lernergebnisse mit Strukturreformen verbessern zu können? […] Systemfragen sollte man nach Hattie gar nicht stellen“. Der einflussreiche Schulforscher Olaf Köller pointiert diese Aussage noch: „Gleichzeitig erweisen sich schulische Rahmenbedingungen (differenzierte vs. nichtdifferenzierte Schulsysteme; finanzielle Ausstattung) […] als weitgehend unwirksam“ (Köller 2012, S. 73). Diese Worte überraschen sehr. Sie lassen sich nicht aus der Hattie-Studie begründen. Sie sind quasi aus der Luft gegriffen, denn in Hatties Studie werden nur englischsprachige Länder mit Gesamtschulstrukturen berücksichtigt. In seinen Metaanalysen gab es keine Daten aus einem Land mit einer Schülerauslese vor dem 9. Schuljahr, also aus einer gegliederten Schulstruktur wie in Deutschland.

Zum andern war die Strukturdebatte „gegliedertes versus integriertes Schulsystem" nicht auf Schülerleistungen fixiert. Diesbezüglich haben schon die PISA-Studien ergeben, dass es keine eindeutigen Wirkungszusammenhänge zugunsten der einen oder der anderen Struktur gibt und Strukturdebatten in diesem Sinne unwichtig sind. Bei der Strukturdebatte ging und geht es um die Frage der Chancengleichheit, worauf noch zurückzukommen ist.

Hatties Aussagen zur Schulstruktur

Hintergrund der Fraglichkeit der Schulstrukturaussagen sind die völlig unterschiedlichen Kontexte der Schulsysteme angloamerikanischer und deutschsprachiger Länder. Wenn Hattie davon spricht, dass Schulstrukturgrößen und Arbeitsbedingungen von nachgeordneter Bedeutung sind, so muss man wissen, welche Strukturgrößen überhaupt in der Studie Berücksichtigung finden. Ulrich Steffens identifiziert auf den Seiten 244 f. der Hattie-Studie die folgenden strukturbetreffenden Faktoren und zieht bemerkenswerte Schlüsse daraus:

- Finanzen $d = 0.28$
- Sommerschulen $d = 0.23$
- kirchliche Schulen $d = 0.23$
- Klassengröße $d = 0.21$
- selbständige Schulen („Charter Schools") $d = 0.20$
- leistungshomogene Klassenbildung[1] $d = 0.12$
- jahrgangsübergreifender Unterricht $d = 0.04$
- offener Unterricht $d = 0.01$
- Jahrgangswiederholung (Sitzenbleiben) $d = 0.16$

Hatties Kennwerte bezeichnen sogenannte Effektgrößen, wobei erst ein Wert über $d = 0.40$ deutlich positive Wirkungen auf Schülerleistungen er-

1 Entspricht: Schulzweigen an kooperativen Gesamtschulen.

warten lassen. Davon sind die zitierten Effektwerte weit entfernt. In diesem Zusammenhang wird bei Hattie auch deutlich, dass soziale Segregationsstrukturen in Bezug auf Schülerleistungen offenbar nicht besonders erfolgreich sind: Für *„tracking“* (Einteilung nach Schulformen), Absonderung durch Privatschulen und institutionalisierte Verzögerungen der Schullaufbahnen berechnet Hattie durchweg Werte unter $d = 0.40$.

Wenn Hattie davon spricht, dass Schulstrukturbedingungen unbedeutend sind, so meint er damit auch, dass die leistungshomogene Gruppierung von Schülerinnen und Schülern (*ability grouping, streaming, tracking;* also: die überdauernde Einteilung von Schülerinnen und Schülern nach Leistung, vergleichbar unserer Einteilung von Schülerinnen und Schülern nach Schulformen) keine Wirkungen auf ihre Leistungen hat:

> „The average effect is a small d = 0.11 […]. The results show that tracking has minimal effects on learning outcomes and profound negative equity effects. The overall effects on mathematics and reading were similarly low (reading d = 0.00, mathematics d = 0.02), the effects on self-concept were close to zero, and effects on attitudes towards subject matter slightly higher (d = 0.10).“ (Hattie 2009, S. 90)

Die entsprechenden Effektmaße liegen unterhalb des Schwellenwerts von 0.20, ab dem man von „kleinen Effekten“ spricht. Datenbasis für die genannten Maße sind 500 Studien. Mit Verweis auf andere Autoren ergreift Hattie ganz klar Partei: „Oakes and Wells (1996) claimed that tracking exists to guarantee the unfair distribution of privilege“ (Hattie 2009, S. 90). Hatties Sprache ist hier recht deutlich. Natürlich bleibt es dabei, dass eine Übertragung dieser Befunde auf unsere Verhältnisse problematisch ist. Bemerkenswert ist es aber schon, wenn vor dem Hintergrund dieser Befunde festgestellt werden kann, dass eine leistungsbezogene Einteilung der Schülerinnen und Schüler in feste Lerngruppen *(„tracking“)* ohne Wirkung auf Schülerleistungen ist.

Äußere Schulstruktur: Schülerleistungen und Bildungschancen

Nach Hattie sind gute kognitive Schülerleistungen also im gegliederten wie integrierten Schulsystem möglich. Aber ein wesentlicher Unterschied zwischen den beiden Systemen bleibt: Zahlreiche Studien zeigen, dass die soziale Selektivität in gegliederten Systemen deutlich größer ist als in integrierten, beim Thema Chancengleichheit die Schulstruktur also eine zentrale Rolle spielt. Dieses Thema allerdings untersucht Hattie nicht, und auch Spiewak und Köller gehen auf dieses Thema nicht ein. Indes finden sich bei den Forschungsberichten von PISA zahlreiche Daten und Ergebnisse zur sozialen Selektivität von Schulsystemen.

Erwähnenswert in diesem Zusammenhang ist ein Beitrag von Kobarg und Prenzel (2012), der ebenfalls die soziale Selektivität von Schulstrukturen übersieht oder nicht ernst nimmt. Er wurde weit verbreitet und erschien unter anderem in der Zeitschrift der Arbeitsgemeinschaft der Schulleitungsvereinigung Deutschlands *(b:sl Beruf: Schulleitung)*. Dieser hat zum Thema, den „Mythos der nordischen Bildungssysteme" aufzudecken, der darin bestehe, dass diese Schulsysteme hohe Schülerleistungen in der Breite mit sozialer Chancengleichheit verbinden könnten. Der Beitrag kommt zu folgendem Schluss:

> „Die Befunde aus den drei PISA-Erhebungen in den Jahren 2000, 2003 und 2006 zeigen, dass die nordischen Länder im internationalen Vergleich keineswegs durchgängig Spitzenpositionen einnehmen, die eine Idealisierung der nordischen Bildungssysteme rechtfertigen könnten. Das Bild, das die PISA-Erhebungen zeichnen, ist deutlich differenzierter. Im internationalen Vergleich schneiden allein die finnischen Fünfzehnjährigen konstant herausragend ab. Finnland erreicht in allen Domänen Spitzenplätze; die Kompetenzen finnischer Schülerinnen und Schüler sind auch über die Erhebungszeitpunkte stabil. In keinem anderen nordischen Land ist der Erfolg des Bildungssystems so konstant wie in Finnland. Obwohl Schweden in der ersten PISA-Erhebung im Jahr 2000 bedeutsam oberhalb des OECD-Durchschnitts lag, haben sich die Kompetenzen der schwedischen Fünfzehnjährigen tendenziell und in einigen Bereichen signifikant negativ entwickelt."
>
> (Kobarg/Prenzel 2012, S. 22)

Daraus zu schließen, dass (1) das deutsche mehrgliedrige System, das in der Tat heute bessere Schülerleistungen in Mathematik und in den Naturwissenschaften zeigt als noch im Jahr 2000, im Grunde nicht schlechter sei als die Gesamtschulen Skandinaviens und dass (2) die Schulstruktur keine Rolle spiele, wie das Kobarg und Prenzel suggerieren, ist zumindest vorschnell. Denn Kobarg und Prenzel berichten nichts über die soziale Selektivität, sondern sie dokumentieren allein die Schülerleistungen der Nordländer. Die Bildungschancen der Sozialschichten wurden indes sehr wohl in den PISA-Studien untersucht mit dem durchgängigen Ergebnis, dass die

Bildungschancen der unteren Sozialschichten in den deutschen Schulen signifikant geringer sind als in den skandinavischen Ländern.

In dem von Klieme u.a. 2010 herausgegebenen Band *PISA 2009 – Bilanz nach einem Jahrzehnt* schreiben Timo Ehmke und Nina Jude:

> „Zusammenfassend lässt sich für Deutschland eine positive Entwicklung ablesen. Die sozialen Disparitäten, also die sozialen Ungleichheiten, in der Lesekompetenz haben seit PISA 2000 bei den Jugendlichen über die Zeit abgenommen. Allerdings ist der Zusammenhang zwischen dem sozioökonomischen Status des Elternhauses und der von den Jugendlichen erreichten Kompetenz im internationalen Vergleich immer noch hoch ausgeprägt. Die bildungspolitische Aufgabe, eine geringe Kopplung bei hohen Kompetenzen zu erreichen, bleibt damit weiterhin bestehen."
>
> (Klieme 2010, S. 241)

Es gibt in der PISA-2009-Studie unter den Ländern mit den größten sozialen Disparitäten nur 8 Länder, die hinter Deutschland zurückliegen: Davon haben 4 (Österreich, Belgien, Luxemburg und die Tschechische Republik) ein mehrgliedriges Schulsystem, was jedoch bei keinem der Länder der Fall ist, die geringere soziale Disparitäten aufweisen (ebda., S. 236) – mit Ausnahme der Niederlande, die über eine 6-jährige Grundschule verfügen, worauf 2 Jahre teilintegrierter Beschulung und dann erst ein gegliedertes und mehrgliedriges Schulsystem folgt.

Daraus kann man schließen, dass Schulstrukturen sehr wohl eine Rolle spielen, aber offenbar für die Chancengleichheit mehr als für die Schülerleistungen. Dieses Fazit wird noch verstärkt durch das sich durch alle IGLU-Studien hindurchziehende Ergebnis, dem zufolge der Übergang von der Grundschule zu den Sekundarschulen einen sozialen Bias aufweist: Kinder aus höheren Sozialschichten haben eine mehrfach höhere Chance, auf höhere Schulformen zu gelangen, als Mädchen und Jungen aus den unteren sozialen Schichten.

> „Untersucht man den Einfluss der Sozialschicht (EGP-Klassen) der Kinder auf ihre Schullaufbahnempfehlungen, so wird deutlich, dass selbst bei Kontrolle der Sozialschichtzugehörigkeit und der Lesekompetenz Kinder aus oberen Schichten eine 2,68- bzw. 1,76-fache größere Chance haben, eine Gymnasialempfehlung zu erhalten als ein Kind aus einem Haushalt aus unteren Schichten." (Bos u.a. 2004, S. 213)

Auch in den späteren IGLU-Studien wurde immer wieder bestätigt, dass Kinder aus den sozial stärksten Gruppen im Vergleich zu solchen aus Facharbeiterfamilien, die über die gleiche Lesekompetenz verfügen, eine mehrfach höhere Chance haben, eine Empfehlung zum Besuch eines Gymnasiums zu erhalten (Stubbe u.a. 2012). Dieser Umstand erhält sein volles Gewicht angesichts eines Ergebnisses, das bereits aus der ersten PISA-Studie hervorstach, in den folgenden Studien allerdings vernachlässigt wurde: Schulformen bilden ein vorstrukturiertes Lernmilieu, das je nach Schulform unterschiedlich lernfördernd wirkt. Hier ist eine Textstelle besonders aufschlussreich, die deshalb ausführlich zitiert werden soll:

> „Rein rechnerisch lässt sich nahezu die Hälfte (43 %) der mathematischen Leistungsvarianz zwischen den Schülern auf die Zugehörigkeit zu unterschiedlichen Bildungsgängen zurückführen. Die Bildungsunterschiede sind somit in Mathematik gleich stark ausgeprägt wie beim Lesen oder in den Naturwissenschaften. Hinter diesen ‚Effekten' des Bildungsganges stehen allerdings Selektionsprozesse beim Übergang in die Sekundarstufe I, die unter anderem über kognitive Grundfähigkeiten und [...] Merkmale sozialer Herkunft gesteuert sind. Unterschiede zwischen den Bildungsgängen lassen sich im Wesentlichen durch die Auswahlprozesse beim Übergang von der Grundschule in die Sekundarstufe I erklären. Dennoch verbleiben bedeutsame Differenzen: Auch bei gleichen kognitiven Grundfähigkeiten und identischem sozioökonomischen Status ist die Leistung eines Gymnasiasten um 49 Punkte höher als die Leistung eines Hauptschülers. Dieser Unterschied sollte in zukünftigen Analysen – auch auf der Ebene einzelner Schulen – aufgeklärt werden." (Deutsches PISA-Konsortium 2001, S. 182)

Mit anderen Worten: Schulstrukturen haben einen starken Einfluss auf die Leistungen der Schülerinnen und Schüler und außerdem einen starken Einfluss auf die Bildungschancen, die mit der Schichtzugehörigkeit variieren.

Innere Schulstruktur

Beim Thema „Schulstruktur" geht es nicht nur um pure Schulformen und Rahmenbedingungen, sondern auch um die Binnenorganisation oder die Innenarchitektur von Schule, wie es neuerdings heißt. Es wurden bereits einige Elemente aus Hatties Darstellung genannt wie Klassengröße oder offener Unterricht. „Reduzierung der Klassengröße [ist] weitgehend irrelevant", folgert Köller (2012, S. 77). „Kleine Klassen kosten zwar viel Geld, bleiben in puncto Lernerfolg aber weitgehend ertraglos [... Sie tragen] zum

Lernerfolg so gut wie nichts bei", liest Spiewak (2013) aus der Hattie-Studie. Hattie bezieht sich auf eine Spannweite von 15 bis 25 Lernenden pro Klasse und konstatiert in der Tat, dass eine Reduzierung in dieser Spannweite nichts bewirke außer höheren Kosten.

- Dagegen ist zunächst einzuwenden, dass es nicht wenige Schulklassen mit deutlich über 25 Schülern gibt, die aus der Hattie-Studie von vornherein ausgeschlossen sind. Die prominenteste Studie zur Wirkung der Klassengröße ist vermutlich STAR (Student-Teacher-Achievement-Ratio). In ihrem Rahmen wurden in den 1980er Jahren im US-Staat Tennessee Lernergebnisse in Grundschulklassen mit 13 bis 17 Lernenden (kleine Klassen) mit solchen mit 22 bis 25 Lernenden (große Klassen) verglichen. Die zentralen Befunde (nach Arnold 2005) sind: Lernende kleiner Klassen schneiden in jeder Jahrgangsstufe bei Leistungstest besser ab als Lernende großer Klassen.
- Diese Effekte treten besonders deutlich auf, wenn die Betreuung/der Unterricht möglichst früh (im Kindergarten bzw. in der 1. Klasse) und möglichst lange (3 oder 4 Jahre) in kleinen Gruppen erfolgt.
- Leistungsschwache und sozial benachteiligte Kinder profitieren besonders stark von kleinen Klassen.

Etwas komplizierter ist der Einwand, dass Hatties Aussage den Gesamtzusammenhang von Lernen übersieht: In der Schule geht es ja nicht nur um Wissenserwerb in den Hauptfächern, sondern auch um ein aktivierendes Lernklima, um eine erwartungssichere Interaktionsstruktur oder um Abwesenheit von Mobbing. Dieser Bereich ist von der Klassengröße abhängig. Und es gibt auch Lehrende, denen große Klassenfrequenzen Probleme machen. Lehrende stehen ansonsten ja im Mittelpunkt der Hattie-Studie – allerdings nicht in diesem Punkt, wenngleich mit steigender Klassenfrequenz auch die Belastungen für Lehrende steigen, manchmal bis zu einem Grad, der nicht mehr zu ertragen ist.

Hattie hat derartige Gesamtzusammenhänge nicht untersucht, sondern einzelne, man könnte sagen: „isolierte" oder auch „fragmentierte" Variablen auf Wirkungen hin analysiert, genauer: 138 Einzelfaktoren und im Anschluss daran weitere 12. Aber man weiß aus der neueren Schulentwicklungsforschung (z.B. Mourshed u.a. 2011 und Fullan 2010), dass auch die stärksten Variablen ihre Wirkung *nur mit anderen Variablen zusammen* entfalten. So ist eine Unterrichtsentwicklung vor allem dann nachhaltig, wenn sie kooperativ betrieben wird; so benötigen gegenseitige Hospitationen beispielsweise einen Fokus auf Unterricht und möglichst noch eine Rahmung durch eine Fach- oder Jahrgangsgruppe, sonst laufen sie ins Leere oder bleiben ein gelegentlicher Freundschaftsdienst. Hattie hat nur Einzelaspekte von Unterricht untersucht; die Wirkung von Faktoren auf die Entwicklung von Unterricht liegt aber gerade nicht in den Aktionen einzelner, sondern wesentlich in der Interaktion und im Zusammenspiel der Lehrenden und der Lernenden.

Hattie demonstriert das selbst an einem Beispiel: Er macht am Schüler-Lehrer-Feedback deutlich, dass auch die stärksten Variablen ihre Wirkung nur mit anderen Variablen zusammen entfalten und dass es sogar negative Effekte geben kann, wenn die Faktoren nicht zusammenpassen (Hattie 2009, S. 172 f.). Vor allem in Studien, die die Einwirkungen der Gesamtsysteme auf die Qualität des Schülerlernens direkt untersuchen, wird immer deutlicher, dass wirksame und nachhaltige Qualitätsförderung aus einem Guss, das heißt ganzheitlich im Rahmen von Schulentwicklung konzipiert und implementiert werden muss. Vor allem die schon genannten Studien von Fullan (2010) sowie Mourshed u. a. (2011) identifizieren ein ganzes Bündel von Maßnahmen erfolgreicher Qualitätsentwicklung, die zu nachweisbaren Verbesserungen von Schülerleistungen führen. Diese Maßnahmen werden in diesen Studien gruppiert nach Kernideen, Elementen erfolgreicher Reformen, innerschulischen Parametern, Anreizen für Lehrende, resoluter Schulleitung und regionaler Vernetzung. Solche Maßnahmen müssen allesamt einbezogen werden und ein kohärentes Ensemble bilden. Viele Faktoren spielen dabei eine Rolle. Das Besondere dabei ist allerdings der systemische Charakter, was bedeutet, dass die einzelnen Faktoren zusammengehen und auf einer Linie liegen, also einer ganzheitlichen Gestaltungsformel folgen und unter- bzw. miteinander vernetzt sind.

Politik und Behörden neigen im Sinne des klassischen Verwaltungshandelns dazu, die Schulen zur Realisierung zentral konzipierter Projekte zu bewegen, unter anderem zu Projekten der Unterrichtsentwicklung und der Lehrerfortbildung. Sie stoßen dabei an Grenzen. Fullan und Mourshed u. a. zählen deshalb nicht Lösungen 1. Ordnung, die mehr desselben in perfektionierter Weise anstreben, zu den wesentlichen Gelingensbedingungen, sondern Lösungen 2. Ordnung, die das System selbst wandeln bzw. weiterentwickeln. Systemwandel heißt, die einzelnen Schulen wie das ganze Schulsystem in die Lage zu versetzen, die besten Lösungen ihrer Entwicklungsprobleme oder Entwicklungsabsichten selbst zu entdecken und selbst umzusetzen. Fullan und Mourshed u. a. nennen diese Fähigkeit „capacity for change" und sie belegen anhand konkreter Beispiele, dass der Königsweg zur wirksamen Schulentwicklung im Aufbau dieser Kapazitäten bzw. Fähigkeiten zum Wandel in und von Schulen und Behörden liegt. Zur Fähigkeit zum Wandel gehört unverzichtbar auch die Fähigkeit, Daten zu nutzen sowohl für Bestandsanalyse und -diagnose als auch für die Evaluation und Steuerung der Entwicklungsvorhaben. Unabdingbar ist für alle Vorhaben, die Verbesserung der Lernbedingungen für die Schülerinnen und Schüler im Auge zu haben und ständig zu prüfen, ob sie diesen beim Lernen helfen. Methodentraining ist eine allgemein anerkannte Basis für Lernen. Aber schon im Modellvorhaben „Selbstständige Schule in NRW" hat sich gezeigt, dass Methodentraining allein nicht ausreicht, die Schülerleistungen zu verbessern (vgl. Holtappels u.a. 2008, S. 104ff.). Es ist nötig und nützlich, verkürzt aber die Lernumgebung von Schülerinnen und Schülern auf die technische Dimension. Die Schülerleistungen werden indes nur besser, wenn die Lerngelegenheiten besser, das heißt umfassend gestaltet werden, und die Haltungs- und Wertdimensionen miteinbezogen werden. Da die Lehrer-Schüler-Interaktion die Basis jeglichen Unterrichts ist und der Unterrichtserfolg nicht zuletzt von den Haltungen und Werten der Lehrkräfte abhängt, wäre Unterrichtsentwicklung mit Personalentwicklung zu verbinden.

In den erfolgreichen Projekten, bei denen der Erfolg am merklichen Zuwachs von Schülerleistungen gemessen wurde (z.B. Fullan 2010), wurden besonders fähige Lehrkräfte („Expertteacher" oder „Masterteacher") weiterqualifiziert zu Kollegen-Coaches: Sie gingen eine Woche in die Schule, schauten sich erst den Unterricht der Lehrkräfte an, die zu Coachees wurden, gaben Feedback, praktizierten am folgenden Tag selbst guten Unterricht, planten dann mit den Coachees gemeinsam den Unterricht für den nächsten Tag, den der Coachee hielt; anschließend gab der Coach Feedback. Die Coaches kamen nach einem halben Jahr zurück zu den Lehrkräften, und die nächste Runde begann. Anschließend haben die gecoachten Lehrpersonen in ihren Fach- oder Jahrgangsgruppen kollegiale Hospitation eingeführt und damit ihre Coaching-Erfahrungen weitergegeben. So entstanden Professionelle Lerngemeinschaften, was ohne Mitwirkung von Schulleiterinnen und -leitern und Fachgruppenvorsitzenden nicht möglich gewesen wäre.

Coachings und Hospitationen sind dazu geeignet, Unterrichts- und Personalentwicklung zu verknüpfen, ebenso wie das bei Schüler-Lehrer-Feedbacks gelingen kann. Beides findet indes bisher oft folgenlos statt, indem sich Lehrkräfte Feedbacks von Kollegen oder Lernenden holen, diese jedoch nicht zum Anlass systematischer Unterrichtsentwicklung nehmen, manchmal mit den Lernenden auch nicht über die Ergebnisse sprechen; sie sind dann unwirksam. Noch einmal: Wenn Maßnahmen zur Unterrichtsentwicklung lernwirksam sein sollen, dann müssen sie dicht und konzise aufeinander bezogen und ganzheitlich sein.

Qualitätsentwicklung muss sich deshalb an einem ganzheitlichen Konzept orientieren und Lernen in den Mittelpunkt stellen. Qualitätsentwicklung betrifft jede Lehrperson – deshalb sind Lehrpersonen auch so wichtig und so bedeutsam, wie sie Hattie darstellt. Aber auch Strukturelemente sind wichtig wie die Gremien, die Schulleitung, die Steuergruppe, die Fach- und Jahrgangsgruppen und andere mehr. Interne und externe Evaluation kommen dazu. Alle zusammen und ihre Beziehungen untereinander bestimmen letztlich die Qualität einer Schule. Qualität ist eine Systemeigenschaft (vgl. Rolff 2011) und damit strukturdeterminiert.

Der Aufbau von ganzheitlichem Qualitätsmanagement setzt nicht nur qualifizierte Lehrpersonen, sondern auch ein funktionierendes „mittleres Management" von Jahrgangsgruppen- und Fachgruppensprechern voraus, das durch eine kompetente Schulleitung initiiert und koordiniert wird. Das alles verlangt nach schulnahen, umfassenden und gut ermöglichenden sowie unterstützenden Schulstrukturen.

Zur Rezeption: Hattie-Studie als Rorschach-Test

Es geht in diesem Beitrag nicht darum, gegen die Hattie-Studie zu argumentieren, sondern um den öffentlichen Umgang mit ihr. Man kann viel aus der Hattie-Studie lernen, man kann sie aber auch missbrauchen. Und das geschieht gegenwärtig in Deutschland: Sie wird von etlichen Autorinnen und Autoren weniger als wissenschaftlich basierte Argumentationshilfe, sondern mehr als eine Art Rorschach-Test benutzt, in dessen (visualisierte) Datenblätter jeder hineinliest, was er oder sie eh vorher gedacht oder gemacht haben: Freunde des lehrerzentrierten Unterrichts lesen die Hattie-Studie genauso als Bestätigung wie Anhänger reformpädagogischer Konzepte. Dieser Rorschach-Charakter der Verwendung von Forschungsergebnissen kann an vielen anderen Beispielen gezeigt werden, hier ist das am Beispiel der Schulstruktur-Debatte geschehen. Er schadet nicht nur der Hattie-Studie, sondern der Bildungsforschung insgesamt – und noch mehr der Bildungspolitik. Deshalb sollte schnellstens davon Abstand genommen werden und nur das als Interpretation gelten, was den professionellen Standards entspricht.

Es sollten nicht die Lehrkräfte allein für die Qualität von Schule verantwortlich gemacht werden, und schon gar nicht die einzelnen Lehrpersonen. Das überfordert sie, stellt zum Teil uneinlösbare Anforderungen und macht sie bei Fehlentwicklungen zu Sündenböcken. Dass es nicht die einzelnen Lehrpersonen sind, die eine weniger gute Schule ausmachen, sondern das Zusammenspiel von Person und Struktur, zeigt anschaulich die Hauptschule: Sie hat womöglich die besten Lehrkräfte, aber die schlechteste Struktur. Aber das ist ein deutsches Problem …

Literatur

Arnhold, Grit (2005): Kleine Klassen – große Klasse? Eine empirische Studie zur Bedeutung der Klassengröße für Schule und Unterricht. Bad Heilbrunn: Klinkhardt.

Bos, Wilfred u.a. (2004): Schullaufbahnempfehlungen von Lehrkräften für Kinder am Ende des vierten Jahrgangs. In: Wilfred Bos u.a. (2004): IGLU – Einige Länder der Bundesrepublik Deutschland im nationalen und internationalem Vergleich. Münster: Waxmann, S. 191–228.

Deutsches PISA-Konsortium (Hrsg.) (2001): PISA 2000. Opladen: Leske & Budrich.

Ehmke, Tomo/Jude, Nina (2010): Soziale Herkunft und Kompetenzerwerb. In: Eckart Klieme u.a. (Hrsg.): PISA 2009. Bilanz nach einem Jahrzehnt. Münster: Waxmann, S. 231–253.

Fullan, Michael (2010): All systems go. The change imperative for whole system reform. London: Sage.

Hattie, John (2009): Visible learning. A synthesis of over 800 meta-analyses relating to achievement. New York, London: Routledge.

Holtappels, Hans Günter/Klemm, Klaus/Rolff, Hans-Günter (Hrsg.) (2008): Schulentwicklung durch Gestaltungsautonomie. Münster: Waxmann.

Kobarg, Mareike/Prenzel, Manfred (2012): Der Mythos der nordischen Schulsysteme. In: b:sl Beruf: Schulleitung, 3, S. 22–25.

Köller, Olaf (2012): What works best in school? Hatties Befunde zu Effekten von Schul- und Unterrichtsvariablen auf Schulleistungen. In: Psychologie in Erziehung und Unterricht, 59, S. 72–78.

Mourshed, Mona/Chijioke, Chinezi/Barber, Michael Ch. (2011): How the world's most improved school systems keep getting better. New York. http://www.learningteacher.eu/sites/learningteacher.eu/files/how-the-worlds-most-improved-school-systems-keep-getting-better_download-version_final.pdf.

Rolff, Hans-Günter (Hrsg.) (2011): Qualität mit System. Köln: Link.

Spiewak, Martin (2013): Hattie-Studie – Ich bin Superwichtig! In: Die Zeit, 03.01.2013.

Stubbe, Tobias C./Bos, Wilfried/Euen, Benjamin (2012): Der Übergang von der Primar- in die Sekundarstufe. In: Wilfred Bos u.a. (Hrsg.): IGLU 2011. Lesekompetenzen von Grundschulkindern in Deutschland im internationalen Vergleich. Münster: Waxmann, S. 227–259.

Thomas Kremers

Wie lernwirksam ist das Kooperative Lernen?

Lernen in kooperativen Strukturen auf dem Prüfstand der Hattie-Studie

Die Hattie-Studie scheint auf den ersten Blick ein Plädoyer für den klassischen Frontalunterricht nahezulegen. Es wäre aber falsch und nicht im Sinne Hatties, kooperative Lernstrukturen abzuwerten. Kooperatives Lernen ist eine nachweislich effektive Form der Unterrichtsgestaltung. Auf der Basis einer sicheren Lernatmosphäre werden intensive Lernprozesse auf allen Lernebenen durch gut strukturierte Gruppenarbeit realisiert. Es stellt somit ein effektives Lernkonzept dar, das über den Erwerb sozialer, kommunikativer und methodischer Kompetenzen hinaus auch eine hohe Effektstärke auf die fachlichen Leistungen von Schülerinnen und Schülern erbringt.

Nachdem die Hattie-Studie im Jahre 2009 veröffentlicht wurde, ist sie im *Times Education Supplement* euphorisch als „Heiliger Gral" der Schul- und Unterrichtsforschung bezeichnet worden. Auch wenn diese Einschätzung übertrieben ist, so würde ich doch Ewald Terhart (in diesem Band) zustimmen, der John Hatties Arbeit als wichtigen Beitrag für die empirische Unterrichts- und Schulforschung einschätzt.[1] Seit der Veröffentlichung der Hattie-Studie hört man in Lehrerzimmern immer wieder den Spruch: „Seit Hattie ist doch bewiesen, dass Frontalunterricht völlig in Ordnung ist, es nur auf den Lehrer ankommt und Kooperatives Lernen doch nichts bringt!" Die wenigsten der Diskutanten haben aber offensichtlich die Studie selbst gelesen[2], denn nach einer Lektüre könnten sie sich nicht zu derartigen Aus-

1 Entsprechend setzt sich Ewald Terhart in seinem Beitrag konstruktiv-kritisch mit der Studie auseinander.
2 Mittlerweile liegt die Studie auch als von Wolfgang Beywl und Klaus Zierer herausgegebene deutsche Übersetzung vor (Hattie 2013).

sagen verleiten lassen. Es macht also Sinn, bei Hattie nachzusehen, wie er die Wirksamkeit des Kooperativen Lernens bewertet und dabei auch zu berücksichtigen, dass eine Übertragung auf deutsche Verhältnisse nur bedingt möglich ist. So erscheint die häufig gehörte Aussage, dass die Veränderung der Schulstruktur nur unwesentliche Auswirkungen auf die Lernleistungen habe und deshalb die deutsche Schulstrukturdiskussion überflüssig sei, als Fehlinterpretation: Die durch die Studie erfassten englischsprachigen Schulsysteme sind in der Regel integrierte Systeme, die in Deutschland eher der Schulform Gesamtschule entsprechen würden.

Da der Forschungsansatz[3] von Hattie in anderen Beiträgen ausführlich dargestellt wird, soll er hier nur kurz skizziert werden: Hattie betont in seiner Studie, dass sein Schwerpunkt „auf dem Lernerfolg, den Leistungs-Outcomes" (Hattie 2013, S. 36) liegt. Damit kann und will er vornehmlich Aussagen zu kognitiven Lernleistungen machen. Das bedeutet, dass die Aneignung von sozialen, kommunikativen und methodischen Kompetenzen von der Studie nur am Rande erfasst wird. Diese kognitive Wirksamkeit wird in einem statistischen Prozess in Lerneffektstärken umgerechnet. Die Effektstärke wird dabei in *d* angegeben. So hat zum Beispiel der Faktor „Selbsteinschätzung des eigenen Lernniveaus" mit $d = 1.44$ die höchste Effektstärke. Über diese Daten sollen Impulse für zukünftige Unterrichts- und Schulentwicklung eine evidente Basis erhalten.

Kooperatives Lernen als komplexes Lernkonzept

Zunächst muss betont werden, dass die Befürworter des Kooperativen Lernens[4] dieses komplexe Konzept nicht zum Allheilmittel erklären. So unterscheiden Johnson und Johnson mit „cooperative, competitive and individualistic learning" (vgl. Johnson/Johnson 1994, S. 3 ff.) drei unterschiedliche

3 Empfehlenswert ist die Einleitung in die deutsche Fassung der Studie durch Wolfgang Beywl und Klaus Zierer, die zwar einerseits die große Bedeutung der Studie unterstreichen, sich aber auch kritisch mit dem Forschungsansatz auseinandersetzen (Hattie 2013, S. VI – XXVI).

4 Da Lernen als individueller Aneignungsprozess im Individuum konstruiert wird, ist die Bezeichnung „Kooperatives Lernen" eigentlich fragwürdig: Das Lernen in Teams kann besser als „Lernen in kooperativen Strukturen" gekennzeichnet werden. Andererseits steht der Begriff „Kooperatives Lernen" für ein Konzept des Lernens in kooperativen Strukturen und wird deshalb im Folgenden verwendet.

Lernkonzepte, die alle als legitim[5] erscheinen. Schon in den 80er und 90er Jahren erforschten sie intensiv die Lernwirksamkeit des Kooperativen Lernens im Vergleich zu individuellem oder konkurrenzorientiertem Lernen und fassten die Ergebnisse anderer Studien in mehreren Metaanalysen zusammen, die auch Hattie (2013, S. 250–254) ausführlich thematisiert.

Das Kooperative Lernen ist demnach eine wissenschaftlich nachweisbar effektive Form der schüleraktivierenden, kommunikativen und konstruktivistischen Unterrichtsgestaltung (vgl. Johnson/Johnson/Holubec 2005, S. 85–101), die sehr intensiv die Kommunikation unter Schülerinnen und Schülern fördert. Auf der Basis einer sicheren Lernatmosphäre werden durch gut strukturierte Lernprozesse in leistungsheterogenen Paaren oder Gruppen intensive und produktive Lernprozesse sowohl auf unteren als auch auf höheren Lernebenen realisiert: Kooperative Lernarrangements sind so angelegt, dass die Gruppe zu komplexeren Ergebnissen gelangt als ein Individuum. Die Wirksamkeit des Kooperativen Lernens geht weit über die Aneignung diverser Methoden hinaus: Integrativ werden soziale, methodische und kommunikative, aber ebenso fachliche Kompetenzen vermittelt. Wenn man Schülerinnen und Schüler in Gruppen zusammensetzt, ergibt sich nicht automatisch eine intensive Zusammenarbeit. Vielmehr müssen die gruppendynamischen Prozesse so gestaltet werden, dass die Teammitglieder ihre Zusammenarbeit als produktiv erleben.

Eine sinnvolle Umsetzung des Kooperativen Lernens zeichnet sich gegenüber einem überhasteten Einsatz von Gruppenarbeit durch einen Prozesscharakter aus: In vielen kleinen Schritten werden die Kompetenzen der Schülerinnen und Schüler aufgebaut. Was zwei Schülerinnen und Schüler gemeinsam nicht leisten können, können sie erst recht nicht in der weitaus komplexeren Sozialform der Gruppenarbeit erreichen. Im längerfristig angelegten Lernprozess findet ebenfalls eine langsame Steigerung der Komplexität der Methoden statt. Deshalb ist im Kooperativen Lernen die intensive Einzelarbeit, in der die individuelle Verantwortlichkeit für den Lernprozess zum Tragen kommt, die Basis für eine gut funktionierende Partnerarbeit. Als ausgesprochen funktional haben sich aus diesem Grund die vielen Varianten des *Think – Pair – Share* (*Think:* alleine nachdenken

---

5 Da die meisten Gesellschaften wesentlich konkurrenzorientiert funktionieren, erscheinen auch konkurrenzorientierte Ansätze als wichtig, müssen Schülerinnen und Schüler doch auf das Leben in einer konkurrenzorientierten Gesellschaft vorbereitetet werden. Kompetitive Verfahren lösen zwar viel Energie aus, haben aber den Nachteil, dass nur wenige Sieger sein können.

und sich Notizen machen, *Pair:* sich mit einem Partner oder im Team austauschen, *Share:* Gruppenergebnisse vorstellen) erwiesen.

Im Zentrum des Kooperativen Lernens stehen nicht die Methoden sondern die Fokussierung auf zentrale pädagogisch-psychologische Grundlagen. Gute Teamarbeit ist deshalb vorrangig das Ergebnis einer erfahrenen positiven gegenseitigen Abhängigkeit und der Übernahme einer individuellen Verantwortlichkeit sowohl für den eigenen Lernprozess als auch den Arbeitsprozess der Gruppe und das gemeinsame Arbeitsergebnis. Wichtig sind ebenfalls der Erwerb sozialer Kompetenzen im Lernprozess, die häufige Reflexion von Lernprozessen durch die Lernenden im Sinne einer permanenten Optimierung von Lernprozessen und die direkte *(face-to-face)* Interaktion der am Gruppenprozess beteiligten Teammitglieder. Das Kooperative Lernen entspricht ebenso einer Haltung im Sinne eines veränderten Lernverständnisses: Schülerinnen und Schüler sind ebenso lebenslange Lerner wie die Lehrkräfte. Es erfordert viel Zeit, bis sich Lehrkräfte das Kooperative Lernen in dieser Komplexität angeeignet haben: Johnson hält „drei Jahre für angemessen, um einen Lehrer in kooperativem Lernen auszubilden“ (Johnson/Johnson/Holubec 2005, S. 29).

Über die Unterrichtsentwicklung hinaus gibt eine nachhaltige Implementierung des Kooperativen Lernens mit der veränderten Lehrerrolle, der Stärkung der Zusammenarbeit im Kollegium und der Entwicklung von Teamstrukturen (vgl. Green/Green 2005, S. 27) auch wichtige Impulse für die Schulentwicklung (vgl. Brüning/Saum 2009, S. 154–165) und trägt damit wesentlich zum Aufbau von Schulen als demokratischen professionellen Lerngemeinschaften bei. Ebenso leistet das Kooperative Lernen einen wichtigen Beitrag zur Demokratieerziehung: Die intensive Kommunikation in Klein- und Großgruppen, der respektvolle Umgang der Teammitglieder miteinander, die Toleranz gegenüber anders denkenden Menschen und gegenüber Menschen aus anderen Kulturen, die Notwendigkeit Kompromisse zu schließen – dies alles sind wichtige demokratische Kompetenzen, die Lernende nicht abstrakt lernen, sondern im Gruppenprozess erfahren.

Metastudien zum Kooperativen Lernen

Das Kooperative Lernen ist ein integratives Konzept von sowohl sozialem, kommunikativem und methodischem Lernen als auch von fachlichem Lernen. Durch Kooperatives Lernen eignen sich Schülerinnen und Schüler demnach Kompetenzen in folgenden vier Bereichen an: fachliche, soziale, kommunikative und methodische Kompetenzen. Mit der Erfassung der Leistungs-Outcomes im Bereich der fachlichen Kompetenzen wird somit in der Studie von Hattie nur ein sehr eingeschränkter Teil der wissenschaftlich nachgewiesenen Effektstärke des Kooperativen Lernens wahrgenommen. Wie steht es aber nun um die fachlichen Lernleistungen im Kontext kooperativer Lernarrangements? In der Hattie-Studie werden vier Gruppen von Metaanalysen berücksichtigt, in denen das Kooperative Lernen explizit bewertet wird. Die jeweiligen Effektstärken werden in einem Absatz gemeinsam dargestellt. Die vier Gruppen von Einzelstudien betreffen:

> „1. diejenigen, die kooperatives Lernen und heterogene Klassen vergleichen (d = 0,41),
> 2. diejenigen, die kooperatives Lernen und individuelles Lernen vergleichen (d = 0,59),
> 3. diejenigen, die kooperatives und kompetitives Lernen vergleichen (d = 0,54) und
> 4. diejenigen, die kompetitives und individuelles Lernen vergleichen (d = 0,24).
>
> Kooperatives und kompetitives Lernen sind effektiver als individuelle Methoden. Dies zeigt erneut die Stärke von Peers in der Gleichung des Lernens auf."
>
> (Hattie 2013, S. 251)

In 4 Metastudien, die 774 Studien zusammenfassen, wird die Wirksamkeit des Kooperativen Lernens mit individuellen Lernformen verglichen. Dem Kooperativen Lernen wird demnach abhängig von der Fragestellung der Metaanalysen eine Wirksamkeit von 0.59 (Kooperatives Lernen vs. individuelles Lernen), 0.54 (Kooperatives Lernen vs. kompetitives Lernen) und 0.41 (Kooperatives Lernen) zugeordnet. Kooperative Lernarrangements sind mit dem Wert 0.59 (Hattie 2013, S. 252) im Grenzbereich zur hohen Wirksamkeit. Das „Barometer" zu den Metaanalysen, die das kooperative mit individuellem Lernen vergleichen, belegt eindrucksvoll die hohe Effektstärke des Kooperativen Lernens.

So scheint es nach Hattie allgemein anerkannt zu sein, „dass kooperatives Lernen effektiv ist, insbesondere wenn man es mit kompetitivem und individuellem Lernen vergleicht. [...] Zudem hat kooperatives Lernen einen primären Effekt auf die Verstärkung von Interesse und Problemlösefähigkeit, vorausgesetzt es wird mit hoher Peer-Beteiligung umgesetzt." (Hattie 2013, S. 252) Die starke Bedeutung der Peers kommt auch in 2 Metaanalysen zur Wirksamkeit von Kleingruppen zum Ausdruck, die allerdings im Bereich der Hochschulen durchgeführt wurden. Demnach werden die Effekte durch Lernen in Kleingruppen „signifikant verbessert, wenn Lernende über Erfahrungen mit Gruppenarbeit verfügen bzw. sie dazu angeleitet werden, wenn spezifische kooperative Lernstrategien angewendet werden und wenn die Gruppengröße klein ist" (Hattie 2013, S. 113).

Interdependenz der Faktoren und Faktorenbündel

Beywl und Zierer weisen darauf hin, dass eine isolierte Betrachtung der Effektstärken einzelner Faktoren fragwürdig ist. Wenn beispielsweise das Team-Teaching, das mit 0.19 nur eine geringe Effektstärke hat, mit dem hoch wirksamen Peer-Tutoring verknüpft wird, ergibt sich daraus ein „wirkstarkes Faktorenbündel" (Hattie 2013, S. IX). Diese Faktorenbündel sind allerdings nicht so zu verstehen, dass die Effektstärken einfach addiert werden können. Vielmehr kann das Zusammenwirken von Faktoren zu einer Verstärkung jeweils eines der beiden oder beider Faktoren führen. Unter den Faktorenbündeln dürfte auch nicht eine beliebige Kombination von Faktoren zu verstehen sein, sondern die Qualität des jeweiligen Faktors müsste wesentlicher Bestandteil des jeweiligen Ansatzes oder Konzeptes sein. Am Beispiel der Reflexion von Unterrichtsprozessen soll dies verdeutlich werden: So könnte beispielsweise die Effektstärke der Reflexion von Unterrichtsprozessen mit vielen Faktoren kombinierbar sein, im Kooperativen Lernen wird jedoch diese „Gruppenbewertung (Evaluation)" (vgl. Johnson/Johnson/Holubec 2005, S. 120–124) als eine der fünf entscheidenden Gelingensbedingungen kooperativer Lernprozesse angesehen.

Es gibt somit einen zweiten Zugang, die Effektstärke des Kooperativen Lernens einzuschätzen: Diesmal wird überprüft, wie das Kooperative Lernen sowohl in Wechselwirkung (vgl. Hattie 2013, S. X) mit anderen Faktoren implizit wirksam ist, als auch, inwiefern kooperative Lernarrangements sich selbst durch die Qualitäten dieser anderen Faktoren auszeichnen. So unterstreichen Köller, Möller und Möller die hohe Wirksamkeit kooperativer Lernformen:

> „Sie fördern den Wissens- und Kompetenzzuwachs […] und scheinen besonders erfolgreich zu sein, wenn sie durch klare Strukturen vorbereitet sind wie etwa beim Reciprocal Teaching (d = 0.74) oder Gruppenpuzzle, wo Schülerinnen und Schüler abwechselnd in die Lehrkraft- und Schülerrolle schlüpfen und dabei, wie Hattie schreibt, insbesondere dann profitieren, wenn Lehrkräfte den Schülerinnen und Schülern zeitnah kognitive Lernstrategien vermitteln wie Fragen zu stellen oder Zusammenfassungen komplexer Gegenstände zu erstellen."
>
> (Köller/Möller/Möller 2013, S. 42)

Dabei wird berücksichtigt, welche Wirksamkeit spezifische Faktoren haben, die als charakteristische Elemente des Kooperativen Lernens angesehen werden können, wenn dieses als komplexes Lern-Konzept praktiziert und nicht auf einen Methodensteinbruch reduziert wird.

Es sollen deshalb einige Faktoren näher betrachtet werden. Hierbei wäre zu unterscheiden zwischen einer permanenten Wirksamkeit im Kontext kooperativer Lernarrangements wie beispielsweise bei der Reflexion und einer situativen Wirksamkeit, wenn spezifische Verfahren wie beispielsweise das reziproke Lesen Bestandteile kooperativer Lernprozesse sind. So betont Hattie in der Studie häufig die Bedeutung der Reflexion von Lern- und Lehrprozessen durch die Lernenden und die Lehrkräfte, die zu einer realistischen Selbsteinschätzung und Selbstwahrnehmung von Schülerinnen und Schülern und Lehrkräften führt. Die Selbsteinschätzung und Selbsterwartung weisen die höchste Effektstärke von 1.44 auf. Aus der Reflexion erwächst die Optimierung von Lernprozessen, die vertiefende und komplexe kognitive Lernerfolge ermöglichen. Da das Kooperative Lernen die Reflexion von Gruppenprozessen als eines der fünf grundlegenden pädagogischen Prinzipien, der sogenannten fünf Basiselemente, besonders hervorhebt, kann davon ausgegangen werden, dass kooperative Lernformen mit der hohen Wertschätzung der Reflexion implizit hoch wirksam sind.

In der Studie listet Hattie alle untersuchten Faktoren in der Rangfolge ihrer Effektstärken auf. Die Liste (Hattie 2013, S. 433–439; vgl. Tab. 1) beginnt mit der Effektstärke von 1.44 für die „Selbsteinschätzungen des eigenen Lernniveaus". Neben der hohen Bedeutung der Reflexion in kooperativen Lernprozessen finden sich in folgender Tabelle weitere für kooperative Lernarrangements charakteristische Faktoren, die allerdings nicht in jedem kooperativen Lernarrangement wirksam werden. Diese könnten noch um viele zusätzliche Faktoren wie beispielsweise die Beeinflussung von Verhalten in der Klasse (Rang 6), das laute Denken (Rang 18) oder den Klassenzusammenhalt (Rang 39) aus der Hattie-Studie ergänzt werden.

Rang	Faktor	Effektstärke *d*
1	*Selbsteinschätzungen des eigenen Leistungsniveaus*	1.44
8	*Klarheit der Lehrperson*	0.75
9	*Reziprokes Lehren*	0.74
10	*Feedback*	0.73
11	*Lehrer-Schüler-Beziehung*	0.72
13	*metakognitive Strategien*	0.69
18	*Lautes Denken*	0.64
23	*Lehrstrategien*	0.60
24	Kooperatives vs. individuelles Lernen	0.59
33	*Concept Mapping*	0.57
36	*Peer-Tutoring*	0.55
37	Kooperatives vs. kompetitives Lernen	0.54
39	Klassenzusammenhalt	0.53
42	Klassenführung	0.52
63	Kooperatives Lernen	0.41

Tab. 1: Für kooperative Lernarrangements charakteristische Faktoren (kursiv)

Alle kursiv hervorgehobenen Faktoren sind charakteristisch für kooperative Lernprozesse: Ohne eine klare Instruktion der Lehrkraft (Klarheit der Lehrkraft: Rang 8) kommen keine effektiven Gruppenprozesse und Lernergebnisse zustande. Unter Klarheit der Lehrperson versteht Fendick die über eine klare Sprache vermittelte „Organisation, Erläuterung, Beispiel geben und angeleitete Übung sowie Bewertung des Lernverhaltens der Lernenden“ (Hattie 2013, S. 151). Hattie (ebda., S. 129) weist darauf hin, dass das „aktuelle Mantra, wonach es auf die Lehrperson ankommt, missverständlich“ sei. Nicht die Lehrperson per se ist entscheidend, sondern diejenigen Lehrpersonen, „die bestimmte Unterrichtsmethoden verwenden, die hohe Erwartungen an alle Lernenden stellen und die positive Lehrer-Schüler-Beziehungen aufbauen, haben mit einer hohen Wahrscheinlichkeit überdurchschnittliche Effekte auf die Schülerleistungen“ (ebda., S. 151).

Ein gutes Feedback (Rang 10) ist im Kontext von Reflexionsprozessen ein entscheidendes Instrumentarium des Kooperativen Lernens. Kooperative Lernarrangements zeichnen sich durch einen hohen Stellenwert der Kommunikation unter den Lernenden (Peer-Tutoring: Rang 36) aus, die sich Texte mithilfe diverser Kommunikationsstrategien zum Beispiel durch Reziprokes Lehren (Rang 9) erschließen. Durch Kooperatives Lernen werden das Arbeitsklima in Lerngruppen verbessert und damit der Klassenzusammenhalt gefördert, der einen „Schlüsselfaktor für ein positives Klima in der Klasse darstellt" (Hattie 2013, S. 123). Eine wesentliche Voraussetzung für effektives Lernen in kooperativen Strukturen stellt nicht nur die gute Beziehung der Teammitglieder untereinander, sondern auch die Beziehung der Lehrkraft zur jeweiligen Lerngruppe dar. Erst wenn diese Lehrer-Schüler-Beziehung aufgebaut wurde, können Lernprozesse in kooperativen Strukturen wirksam werden. Die gute Lehrer-Schüler-Beziehung (Lehrer-Schüler-Beziehung: Rang 11; Hattie 2013, S. 123) ist im Sinne einer sicheren Lernumgebung eine entscheidende Voraussetzung für das Gelingen kooperativer Lernprozesse.

Auch wenn das Kooperative Lernen über einen Methodensteinbruch hinausgeht, beinhaltet es doch einen reichen Satz an diversen Verfahren und Unterrichtsstrategien. In der Studie nehmen Lehrstrategien, unter denen erneut explizit auch das Kooperative Lernen (vgl. ebda, S. 239) aufgeführt wird, den Rang 23 ein. Im kommunikativen Lernprozess des Kooperativen Lernens spielt das Reziproke Lernen (vgl. ebda, S. 240–242) mit einem Wert von 0.74 eine wichtige Rolle. Einen hohen Stellenwert haben im Kooperativen Lernen ebenfalls der Einsatz der *Graphic Organizer*, grafische Strukturierungsformen von Lernprozessen wie beispielsweise die Anfertigung von *mind maps* (Brüning/Saum 2007, S. 47 ff.) und *concept maps* (Rang 33). *Concept maps* sind eine komplexere Form von *mind maps*, in denen der Autor seine persönlichen Ideen in einer sehr individuellen Struktur zum Ausdruck bringt. Produktive Teamarbeit ist ein komplexer Prozess, der gerade dadurch legitimiert wird, dass er ein „Gleichgewicht aus Oberflächen- und tiefem Lernen" (Hattie 2013, S. 34) bewirkt, indem die Lernenden sich in Einzelarbeit Informationen eher eproduktiv aneignen und dann im Austausch mit einem Partner oder einer Partnerin oder in der Gruppe höhere Lernebenen erreichen. Voraussetzungen dafür sind adäquate metakognitive Strategien (Rang 13).

Abschließend soll noch einmal am Beispiel der Klassenführung *(classroom management)* (vgl. Hattie 2013, S. 122) die Interdependenz vieler Faktoren aufgezeigt werden: Eine gute Klassenführung zeichnet sich durch gut organisierte Lerngruppen aus, in denen eine deutliche Reduzierung von Störungen dadurch stattfindet, dass die Lehrkraft potenzielle Verhaltensprobleme frühzeitig erkennt und angemessen auf diese reagiert. Entscheidende Faktoren sind dabei neben der bereits angesprochenen guten Lehrer-Schüler-Beziehung nach Marzano die „,hohe Dominanz‘ (Klarheit betreffend Zweck und starke Führung) und ,hohe Kooperation‘ (Achten auf die Bedarfe und Meinungen anderer und der Wunsch als Mitglied eines Teams zu funktionieren)“ (ebda.). Ohne diese Faktoren ist ein produktives Lernen in Einzel-, Partner- und Gruppenarbeit, wie es durch kooperative Verfahren im Sinne des Kooperativen Lernens gestaltet wird, nicht vorstellbar.

Fazit

Als Fazit kann also gesagt werden, dass Hattie das Kooperative Lernen sowohl explizit als auch implizit als einen wichtigen und wirksamen Faktor für effektive Lernprozesse ansieht. Dies kommt übrigens auch in seinem Praxisbuch für Lehrerinnen und Lehrer *Visible Learning For Teachers* zum Ausdruck: „Cooperative learning is certainly a powerful intervention“ (Hattie 2012, S. 78). Hattie betont ebenso die immense Bedeutung der Lehrkraft als „activator“ für effektive Lernprozesse: Was Schülerinnen und Schüler lernen, bestimmt vorrangig die einzelne Lehrkraft, die strukturiert, disziplinbewusst, fachbezogen und effektiv die Lernzeit nutzt.

Die Lehrkraft trägt im Kontext kooperativer Lernprozesse unter anderem durch den Aufbau von klaren Arbeits- und Lernstrukturen, durch die Vermittlung sozialer, kommunikativer und fachlicher Kompetenzen und durch die gezielte Förderung der Beziehungsstruktur zwischen Lehrkraft und Lerngruppe wesentlich zu einem effektiven Unterricht bei. So bewirken beispielsweise knappe, aber realistische Zeitvorgaben eine effektive Nutzung der Lernzeit. Dies bedeutet aber ebenso, dass eine Lehrkraft mit einem verkürzten Verständnis des Kooperativen Lernens, in dem beispielsweise die Methodik im Vordergrund steht, nur geringere Effektstärken erreichen wird.

Spiewak betont in *Zeit Online*, dass dieses Verständnis einer guten Lehrkraft aber nicht die Rehabilitierung des traditionellen Studienrates darstelle, „der seinen Schülern die Früchte eines umfassenden Fachwissens mittels Vorträgen kredenzt“ (Spiewak 2013, S. 4). Hattie betont in der Studie vielmehr, dass nur ein guter (!) Frontalunterricht, in dem sinnstiftende Instruktion mit schüleraktivierenden Elementen verbunden wird, eine effektive Unterrichtsform ist. Damit kann es kein Zurück zum althergebrachten, schlechten Frontalunterricht geben, sondern die Aufgabe für Lehrkräfte besteht im Gegenteil heutzutage darin, sowohl phasenweise komplexe kooperative Lernstrukturen anzuleiten als auch im Frontalunterricht schüleraktivierende Verfahren wie beispielsweise *Think – Pair – Share*, das die kommunikative Grundstruktur kooperativer Prozesse abbildet, oder das *Placemat*[6] als schüleraktivierende und Kommunikation stärkende Elemente sinnvoll zu nutzen.

Literatur

Brüning, Ludger/Saum, Tobias (2006): Erfolgreich unterrichten durch Kooperatives Lernen – Strategien zur Schüleraktivierung. Essen: Neue Deutsche Schule.

Brüning, Ludger/Saum, Tobias (2007): Erfolgreich unterrichten durch Visualisieren – Grafisches Strukturieren mit Strategien des Kooperativen Lernens. Essen: Neue Deutsche Schule.

Brüning, Ludger/Saum, Tobias (2009): Erfolgreich unterrichten durch Kooperatives Lernen Bd. 2 – Neue Strategien zur Schüleraktivierung – Individualisierung – Leistungsbewertung – Schulentwicklung. Essen: Neue Deutsche Schule.

Green, Norm/Green, Kathy (2005): Kooperatives Lernen im Klassenraum und im Kollegium. Seelze-Velber: Klett-Kallmeyer.

Hattie, John (2009): Visible learning. A synthesis of over 800 meta-analyses relating to achievement. Oxon: Routledge.

Hattie, John (2012): Visible learning for teachers. Maximizing impact on learning. London, New York: Routledge.

Hattie, John (2013): Lernen sichtbar machen. Überarbeitete deutschsprachige Ausgabe von „Visible Learning", besorgt von Wolfgang Beywl und Klaus Zierer. Baltmannsweiler: Schneider Hohengehren.

Johnson, David W./Johnson, Roger T. (1994): Learning together and alone. Cooperative, competitive and individualistic learning. Boston: Allyn and Bacon.

Johnson, David W./Johnson, Roger T./Johnson Holubec, Edythe (2005): Kooperatives Lernen – Kooperative Schule. Mülheim an der Ruhr: Verlag an der Ruhr.

Köller, Olaf/Möller, Johanna/Möller, Jens (2013): Was wirkt wirklich? Einschätzungen von Determinanten schulischen Lernens. Schulmanagement Handbuch, Bd. 145. München: Oldenbourg.

Spiewak, Martin (2013): Hattie-Studie – Ich bin superwichtig! In Zeit Online, 14.01.2013, http://www.zeit.de/2013/02/Paedagogik-John-Hattie-Visible-Learning.

6 Das *Placemat* („Platzdeckchen") gilt als „Schweizer Messer" des Kooperativen Lernens, weil es vielfältig einsetzbar ist und seine grafische Struktur die Logik kooperativer Prozesse in der Abfolge von *Think – Pair – Share* beispielhaft abbildet (vgl. Brüning/Saum 2006, S. 11): Es handelt sich im ersten Schritt um ein paralleles Brainstorming der Gruppenmitglieder auf individuellen Feldern eines gemeinsamen Arbeitsblattes. Die Ideen der Teammitglieder werden im zweiten Schritt vorgestellt. Schließlich einigt sich die Gruppe auf einige Gedanken, die ins Zentrum geschrieben werden.

Kristina Reiss, Matthias Bernhard

Hatties *Visible Learning* im Kontext der Mathematikdidaktik

Das Beispiel Problemlösen

Am Beispiel des Problemlösens, dem in der Mathematikdidaktik traditionell eine besondere Bedeutung zukommt, zeigt sich exemplarisch, inwiefern Hatties Meta-Metaanalyse für die Fachdidaktik von Bedeutung sein kann und wo Grenzen bei der Interpretation liegen sollten. So lassen sich in den Ergebnissen durchaus interessante Muster erkennen. Gleichzeitig wird deutlich, dass eine oberflächliche Interpretation der Ergebnisse der Komplexität des Themas bei Weitem nicht gerecht wird.

Welche Faktoren sind entscheidend für erfolgreiches Lernen? Diese Frage stellt sich im alltäglichen Unterricht, sie wird aber vor dem Hintergrund nationaler und internationaler Vergleichsstudien besonders brisant. Worauf lassen sich die bedeutsamen Leistungsunterschiede beispielsweise bezogen auf die Mathematik in verschiedenen Bundesländern (Roppelt u.a. 2013) bzw. verschiedenen Staaten (Sälzer u.a. 2013) zurückführen? Woran liegt es, dass in den genannten Studien Kompetenzunterschiede zwischen allem Anschein nach vergleichbaren Schülergruppen berichtet wurden, die zum Teil mehr als ein Schuljahr ausmachten? Der neuseeländische Bildungsforscher John Hattie hat mit *Visible Learning* neue Impulse zur Beantwortung dieser Frage geliefert. In einer Synthese aus über 800 Metastudien hat er insgesamt 138 Variablen daraufhin untersucht, in welchem Zusammenhang sie mit der Lernleistung von Schülerinnen und Schülern stehen.

Hattie geht es um Lehren und Lernen ganz allgemein, und er bezieht sich eher am Rand auf spezifische Inhalte. Allerdings findet Unterricht in der Schule gewöhnlich in Fächern wie Mathematik, Deutsch oder Sport statt und betrifft Kombinationen allenfalls bei mehr oder minder affinen Fächern zu Arbeitsbereichen wie Naturwissenschaft oder Sachkunde. Insofern ist interessant, welche Konsequenzen für das fachliche Lernen aus der Metaanalyse gezogen werden können. Mit diesem Thema befasst sich der folgende Aufsatz. Weil es allerdings *das* fachliche Lernen nicht gibt, beschränkt er sich exemplarisch auf die Mathematik.

Erfolgreiches Lernen: Faktoren der Wirksamkeit

Eine Analyse von mehr als 800 Studien mit über 100 untersuchten Variablen mag unüberschaubar wirken, und so ist es sinnvoll, dass Hattie (2009, 2013) angesichts der Datenmengen eine grobe Einteilung vornimmt. Die 138 untersuchten Faktoren werden gruppiert und zu den folgenden Domänen[1] zusammengefasst: *Lernende*, *Elternhaus*, *Schule*, *Lehrperson*, *Curricula* und *Unterricht*.

Doch auch mit dieser Einteilung bleibt die methodische Herausforderung, eine solche Analyse tatsächlich vergleichend durchzuführen. Genau das ist Hatties Anspruch. Sein Vorgehen ist entsprechend dadurch gekennzeichnet, dass er nicht nur signifikante Effekte berichtet, sondern auch darstellt, wie hoch diese ausfallen. Grundlage seiner Analysen ist die sogenannte Effektstärke, die ein Maß für die Bedeutsamkeit eines Ergebnisses liefert. Sie wird aus den empirischen Kennwerten einer Studie berechnet. Hattie betrachtet eine Effektgröße von $d = 0.2$ als klein, von $d = 0.4$ als mittel und von $d = 0.6$ als groß, wobei eine Effektgröße von $d = 1.0$ einer Standardabweichung entspricht. Die genannten Werte dienen nur der ungefähren Orientierung und werden in der Literatur nicht einheitlich verwendet (so nutzt Cohen 1988 etwas andere Grenzen). Im Vordergrund steht weniger die punktgenaue Festlegung als das übergeordnete Ziel, auf einer breiten empirischen Grundlage verschiedene Einflussfaktoren auf die Schülerleistung vergleichbar zu machen. Effektstärken können auch negativ sein, für die Beurteilung kommt es allerdings auf den Betrag an. Dies ist insbesondere für Metaanalysen von Bedeutung, bei denen aus den unterschiedlichen Werten das arithmetische Mittel gebildet wird. Auch große Effekte in positiver und negativer Richtung können sich dabei ausgleichen.

Hattie wendet sich gegen eine allzu einfache Interpretation einzelner Variablen, sondern betrachtet die Suche nach erklärenden Mustern als wesentlich. Ein Zugang sind die bereits erwähnten Faktoren. Dabei ist es ein

---

1 Der Aufsatz passt sich im Wesentlichen den Begrifflichkeiten der deutschen Ausgabe an. Ausnahme sind die Faktoren *problem-solving teaching* und *problem-based learning*, die unübersetzt bleiben.

Ergebnis der Studie, dass gerade die politisch viel diskutierten äußeren Einflussfaktoren aus der Domäne *Schule* einen relativ geringen Einfluss auf die Schülerleistung zu haben scheinen. So erweist sich beispielsweise die Frage nach der Klassengröße als ebenso wenig zentral für die Lernleistung wie die finanzielle Ausstattung der Schule oder die inklusive Beschulung. Auch der Inhalt des Curriculums allein scheint keinen großen Einfluss auf die Leistungen von Schülerinnen und Schülern zu haben. Für ein erfolgreiches Lernen ist hingegen der Einfluss der Lehrerin oder des Lehrers und des Unterrichts laut Hatties Studie ganz entscheidend: *The teacher matters*, oder: *Auf den Lehrer kommt es an.*

Sicherlich ist dieses Ergebnis ganz allgemein plausibel, aber im Detail sieht man durchaus überraschende Aspekte. Beispiele für besonders wirksame Faktoren aus der Domäne Unterricht sind die *formative Evaluation des Unterrichts* (Rang 3, $d = 0.90$), das *Reziproke Lehren* (Rang 9, $d = 0.74$) und schließlich *Feedback* (Rang 10, $d = 0.73$). Allen drei Faktoren ist gemeinsam, dass Lehrpersonen und Lernende eine Art Perspektivwechsel vollziehen. Lehrpersonen scheinen besonders dann erfolgreich zu sein, wenn es ihnen gelingt, den Unterricht aus den Augen eines Lernenden zu sehen. Lernende erreichen umgekehrt höhere Lernleistungen, wenn sie selbst die Lehrperspektive einnehmen. Dieses Muster kommt auch in Hatties zentraler Aussage zum Ausdruck: Entscheidend für den Lernerfolg sind im Wesentlichen Faktoren, die das Lehren und Lernen *sichtbar* machen. Was Hattie unter „sichtbar machen" versteht, beschreibt er selbst wie folgt:

> „Dieses tritt dann auf, wenn Lernen das explizite Ziel ist, wenn es ausreichend anspruchsvoll ist, wenn sowohl die Lehrperson als auch die Lernenden (jeweils auf ihre Weise) überprüfen, ob und in welchem Ausmaß das anspruchsvolle Ziel erreicht ist, wenn es absichtsvolles Lernen gibt, um die Beherrschung des Ziels zu erreichen, wenn Feedback gegeben und eingefordert wird und wenn am Lernprozess aktive, leidenschaftliche und engagierte Menschen […] beteiligt sind".
>
> (Hattie 2013, S. 27)

Auch der Fachunterricht sollte folglich dann ganz besonders erfolgreich sein, wenn er klare und anspruchsvolle Ziele vorgibt, die aber erfüllbar sind und deren Einhaltung kontrolliert werden kann. Im Grunde sagt man dem Mathematikunterricht nach, dass in ihm diese Art des Arbeitens besonders leicht umzusetzen sei. Angemessen gewählte mathematische Probleme sollten also erfolgreiches Lernen sinnvoll unterstützen.

Problemlösen aus Sicht der Mathematikdidaktik

Mathematik und Problemlösen sind nicht unbedingt synonyme Begriffe, aber sie stehen in einem engen Zusammenhang. So bezeichnet der bekannte Mathematiker Paul Richard Halmos Problemlösen als das „Herz der Mathematik" (Halmos 1980). Mathematisches Arbeiten ist zentral durch Probleme und deren Lösungen gekennzeichnet, was nicht nur für die wissenschaftliche Mathematik, sondern auch für die Schulmathematik gilt.

In der Mathematik und Mathematikdidaktik wird unter Problemlösen in der Regel ein Prozess verstanden, bei dem ein gegebener Ausgangszustand in einen erwünschten Endzustand überführt werden soll, die notwendigen Mittel aber nicht offensichtlich sind (Schoenfeld 1985). Während Ausgangs- und Endzustand gerade in der Schulmathematik üblicherweise – wenn auch nicht immer – bekannt sind, stellt die Suche nach einem geeigneten Lösungsweg die eigentliche Herausforderung dar und erfordert einen flexiblen Umgang mit mathematischem Wissen in neuen Situationen.

Problemlösen hat als wichtiger Teil der Mathematik schon immer eine bedeutende Rolle im Unterricht gespielt. Die Definition von Bildungsstandards durch die Kultusministerkonferenz hat dies noch einmal betont (z.B. Kultusministerkonferenz 2004 für die Primarstufe). Hier wird definiert, dass es als Ergebnis von Unterricht darum geht, mathematische Kenntnisse, Fertigkeiten und Fähigkeiten bei der Bearbeitung problemhaltiger Aufgaben anzuwenden, Lösungsstrategien zu entwickeln und zu nutzen, Zusammenhänge zu erkennen, zu nutzen und auf ähnliche Sachverhalte zu übertragen (Kultusministerkonferenz 2004, S. 8). Ganz ähnlich ist in Deutschland die allgemeine Kompetenz *Probleme mathematisch lösen* auch bezüglich des Mittleren Bildungsabschlusses und der Abiturstufe (Kultusministerkonferenz 2003, 2012) in den Bildungsstandards für das Fach Mathematik verankert. Problemlösen gehört damit zur mathematischen Grundbildung, kann aber durchaus als anspruchsvolle Aktivität gesehen werden. So wird in der PISA-Rahmenkonzeption betont, dass mathematische Grundbildung „nicht auf die Kenntnis mathematischer Terminologien, Fakten und Verfahren sowie auf die Fähigkeit zur Durchführung bestimmter Operationen und Anwendung bestimmter Methoden" (Deutsches PISA-Konsortium 2000, S. 47) reduziert werden darf. Mathematikunterricht muss nach diesem Verständnis über das Lösen von Routineaufgaben hinausgehen und Problemlöseprozesse breit thematisieren.

Damit kommt dem Problemlösen schon aus theoretischer Perspektive eine zentrale Rolle im Mathematikunterricht zu. Sie wird aus empirischer Sicht durch eine Vielzahl von Studien bestätigt. So wurde in der TIMSS-Videostudie (Stigler u.a. 1999) Mathematikunterricht in Deutschland, Japan und den USA videografiert. Im Vergleich zeigte sich in Japan ein Unterrichtsmuster, bei dem problemlösendes Lernen einen hohen Stellenwert hatte. Die Präsentation unterschiedlicher Lösungen zu einer Aufgabe war eine wichtige Komponente eines schülerzentrierten Unterrichts. Gleichzeitig gehörte Japan in dieser Studie zu den erfolgreichsten Ländern bezüglich der Mathematikleistung.

Untersuchungen in Deutschland belegen ebenfalls, dass das Lösen anspruchsvoller Problemaufgaben eine wichtige Komponente des Mathematikverständnisses ist. So ordnet ein Stufenmodell mathematischer Kompetenz für die Primarstufe (Reiss u.a. 2012) mathematisches Problemlösen im Wesentlichen den oberen beiden Kompetenzstufen zu. Da das Modell auf empirischen Daten beruht, bedeutet dieses Ergebnis im Umkehrschluss, dass Problemlösen ein gutes mathematisches Verständnis voraussetzt. Problemlösen im Sinne von Schoenfeld (1985) und mathematische Leistung sind somit positiv miteinander verbunden oder – anders ausgedrückt – Problemlösekompetenz ist ein Indikator für die Mathematikleistung.

Problemlösen und *Visible Learning*

In der Studie von Hattie findet man an zwei Stellen den Begriff *problem*, einmal im Zusammenhang mit dem Lehren und einmal im Zusammenhang mit dem Lernen. Im englischen Original heißen die Faktoren *problem-solving teaching* und *problem-based learning* und sind beide der Domäne *Unterricht* zugeordnet. Während *problem-solving teaching* auf Rang 20 (d = 0.61) liegt und damit zu den Faktoren gehört, die laut Hattie einen großen positiven Effekt auf die Lernleistung der Schülerinnen und Schüler haben, liegt *problem-based learning* nur auf Rang 118 (d = 0.15) von 138 und hat folglich einen eher geringen Effekt auf die Leistung.

Die Beschreibung von *problem-solving teaching* beginnt bei Hattie mit einer Begriffsbestimmung von „Problemlösen“. Es umfasst danach eine Reihe von Teilprozessen, nämlich „den Akt des Definierens oder Bestimmens der Problemursache; das Identifizieren, Priorisieren und Auswählen von Alternativen für eine Lösung; oder das Einnehmen mehrerer Perspektiven zum Gewinnen von Fragestellungen, die mit einem bestimmten Problem in Verbindung stehen, um einen Interventionsplan zu entwerfen und dann das Ergebnis zu bewerten" (Hattie 2013, S. 248). Ganz offensichtlich ist diese Sichtweise von Pólya (1949) beeinflusst, der vier Phasen des Problemlösens benennt, nämlich das Verstehen des Problems, den Entwurf eines Lösungsplans, die Ausführung des Plans sowie die Rückschau und das Prüfen der Lösung. Er wird mit dieser Folge von Schritten auch explizit in Hatties Text erwähnt.

Welches konkrete Verständnis von *problem-solving teaching* Hattie seiner Analyse zugrunde legt, wird allerdings erst durch einen Blick auf die Metastudien deutlich, die zum Faktor *problem-solving teaching* beitragen. Dazu gehört beispielsweise eine Studie, in der Beweglichkeit im Denken betrachtet wurde, aber auch eine Studie, die Problemlösefähigkeiten und Basiswissen unter anderem in Mathematik in Beziehung setzte, oder eine Studie, die ein heuristisches Training von Lehrkräften untersuchte. Es werden also Studien zusammengefasst, die zwar alle das Problemlösen thematisieren, die sich aber nur unter einer recht vage definierten gemeinsamen Überschrift *problem-solving teaching* einordnen lassen. In der deutschen Ausgabe wird der Faktor *problem-solving teaching* interessanterweise lediglich mit *Problemlösen* übersetzt und damit auch die Überschrift dem breiten Begriffsverständnis angepasst.

Dieses breite Verständnis zeigt sich ebenfalls bei den betrachteten Variablen zum *problem-solving teaching*. Hattie berichtet hier mit Bezug zu den oben genannten Studien von hohen Effekten auf die verbale und figurative Flexibilität, von Effekten bei Leistungen, die Problemlösekompetenzen erfordern oder von der hohen Wirksamkeit des heuristischen Lehrertrainings im Hinblick auf den Lernerfolg der Schülerinnen und Schüler.

Es sei angemerkt, dass nicht unbedingt – wie der Begriff *problem-solving teaching* es möglicherweise suggeriert – der Unterschied zwischen problemlösenden und nichtproblemlösenden Maßnahmen untersucht wurde, sondern teilweise auch der Unterschied zwischen verschiedenen Arten von problemorientiertem Unterricht. Insgesamt ergibt sich damit bei Hattie ein recht weit gefasstes Verständnis von *problem-solving teaching, wodurch* die Interpretation der Ergebnisse ebenso erschwert wird wie eine Ableitung von Konsequenzen für den Unterricht.

Was unter *problem-based learning* zu verstehen ist, charakterisiert Hattie mit Bezug auf Gijbels u.a. (2005). Diese Art des Lernens ist danach durch schülerorientiertes Lernen, das Lernen in kleinen Gruppen, die Anwesenheit eines Tutors, echte Probleme, die Nutzung dieser Probleme zum Erwerb von Wissen und Problemlösefähigkeiten sowie durch selbstgesteuertes Lernen gekennzeichnet. Damit basieren die einbezogenen Studien zwar auf einer klareren Einordnung. Darüber hinaus unterscheidet Hattie bei den von ihm betrachteten Studien, ob es um den Erwerb von oberflächlichem, tiefem und verständnisorientiertem Wissen geht. Diese Betrachtung geht jedoch nicht in das allgemeine Ranking ein, das für *problem-based learning* einen wenig günstigen Einfluss auf den Lernzuwachs feststellt. In der Rangreihenfolge belegt dieser Faktor Platz 118 bei einer geringen Effektstärke ($d = 0.15$).

Die einzelnen Studien zeigen allerdings ein eher gemischtes Bild. So gibt es Untersuchungen, die den Erfolg von problembasiertem Lernen nicht zeigen können und traditionellen Unterricht weitaus besser beurteilen, aber auch Untersuchungen, die einen positiven Einfluss auf bestimmte Fertigkeiten sehen. Das Lernen von Begriffen wird eher nicht unterstützt, wohingegen die Güte des anwendungsorientierten Arbeitens vom Problemlösen profitiert. Diese Vielfalt unterschiedlicher Ergebnisse ergibt in der Summe einen kleinen Effekt, da für solche Analysen – wie bereits erwähnt – schlicht das arithmetische Mittel gebildet wird. Doch man kann durchaus eine Linie in die unterschiedlichen Ergebnisse bringen. Während *problem-based learning* große Effekte im Hinblick auf vertieftes Wissen und Verstehen zeigt, fallen die Effekte im Hinblick auf das eher oberflächliche Wissen sehr klein aus.

Zusammenfassung

Die Feststellung, dass Hattie einen Lehrertyp „rehabilitiert“ (Terhart 2011, S. 289 und in diesem Band, S. 21), der eine eher lehrerzentrierte Perspektive auf den Unterricht einnimmt, wird durch die beiden Aspekte des Problemlösens sicherlich unterstützt. Es ist weniger das problemorientierte Lernen als das Lehren durch Probleme, das in der Analyse den wesentlichen Einfluss auf den Lernerfolg zeigt. Damit steht Hattie nicht nur im Widerspruch zu einer Auffassung, die Lernen im Wesentlichen als konstruktiven Prozess mit aktiver Beteiligung der Schülerinnen und Schüler sieht. Er steht auch im Widerspruch zu empirischen Ergebnissen im Kontext von Schule und Unterricht.

Ist der Widerspruch aufzulösen? Vermutlich, und dabei hilft es, wenn die deutlichen Effekte des *problem-solving teaching* und die eher unbedeutenden des *problem-based learning* differenziert betrachtet werden. Nicht immer sind die verwendeten Begriffe klar definiert, oft ist das Begriffsverständnis recht breit gefasst, sodass in der Metaanalyse Konstrukte zusammenkommen, die sich nur mit Schwierigkeiten unter einer Überschrift sehen lassen. Das macht es notwendig, für jeden Faktor genau nachzulesen, welche unterrichtlichen Maßnahmen in die Analyse aufgenommen und welche Outcome-Variablen dabei gemessen wurden. Die zunächst ambivalent erscheinenden Ergebnisse für die beiden von Hattie untersuchten Faktoren zum Problemlösen, also zu *problem-solving teaching* und *problem-based learning* werden plausibel, wenn man sich weniger nach den plakativen Bezeichnungen richtet, sondern die verschiedenen Studien auf der Grundlage erziehungswissenschaftlicher bzw. mathematikdidaktischer Theorien betrachtet und sie in den Stand der empirischen Bildungsforschung einordnet.

Ein Beispiel soll diesen Gedanken konkretisieren: Wie bereits angesprochen, scheint der Einfluss unterrichtlicher Maßnahmen zum Problemlösen dann hohe Effekte zu erzielen, wenn die Lernleistung vertieftes Wissen oder Verstehen erfordert. Aus mathematikdidaktischer Perspektive würde man allerdings zumindest im deutschen Sprachraum auch nur in diesem Fall von einem Problem reden. Eine Aufgabenstellung ist nur dann ein wirkliches Problem, wenn sie eine Auseinandersetzung mit den Inhalten erfordert und eine Lösung nur über diese Auseinandersetzung gefunden werden kann. Diese Art von Problemen gibt es zwar nicht nur in der Mathematik, allerdings gibt es eine hohe Korrelation mit mathematischer Leistung. So zeigten allgemeine Problemlösekompetenz und mathematische Kompetenz im Rahmen von PISA 2003 eine latente Korrelation von $r = 0.89$ (Leutner u.a. 2005). In Bezug auf das Lesen und die Naturwissenschaften wurden mit $r = 0.82$ bzw. $r = 0.80$ geringere latente Korrelationen berichtet.

Es sei schließlich angemerkt, dass Wege des Lehrens und Lernens nicht nur aus einer empirischen Perspektive heraus definiert werden können. Vielmehr ist Unterricht eine gesellschaftliche Aufgabe, die deswegen auch nach normativen Kriterien bestimmt werden muss. Selbständiges Problemlösen ist ein Ziel des Mathematikunterrichts, durch das Interesse und Motivation für das Fach entwickelt oder ausgebaut werden kann. Genauso ist Problemlösen ein wichtiger Aspekt einer umfassenden mathematischen Grundbildung.

Diskussion

Hattie hat die Diskussion um das Lehren und Lernen zweifelsfrei angeregt. Es ist ihm gelungen, die Argumentation über wirksame Faktoren auf eine sehr breite und vergleichbare empirische Grundlage zu stellen. Dementsprechend scheint die Prognose nicht gewagt, dass *Visible Learning* wohl auch noch in den kommenden Jahren große Aufmerksamkeit erhalten wird.

Die Metaanalyse von Metastudien, die in der Summe Daten von etwa 50.000 Studien mit mehr als 80 Millionen Teilnehmerinnen und Teilnehmern zusammenfasst, zeigt klare Tendenzen, was wirksam ist, und betont die Rolle von Schule und Unterricht (vgl. auch Köller 2012). Dabei ist es eher nicht die administrative Ebene, die diese Wirkung zeigt, sondern die inhaltliche und pädagogische Ebene. Lernen orientiert sich einerseits an fachlichen Inhalten und Kompetenzen, wird aber andererseits vor allem dann begünstigt, wenn die „pädagogischen Randbedingungen" stimmen. Viele der bereits von Meyer (2004) zusammengefassten Bedingungen guten Unterrichts bekommen in der Metaanalyse eine weitere und starke empirische Bestätigung. Insgesamt tragen Lehrperson und Unterricht mit einem knappen Drittel erheblich zur Aufklärung der Varianz beim Lernerfolg bei. Hattie stärkt damit das Bemühen um einen fachdidaktisch und erziehungswissenschaftlich fundierten Fachunterricht, der über entsprechend ausgebildete Lehrerinnen und Lehrer realisiert wird.

Wichtig ist aber auch eine differenzierte Auseinandersetzung mit Hatties Ergebnissen. Die Analyse des Faktors „Problemlösen" hat deutlich gemacht, dass die schlichte Darstellung der Ergebnisse in Form eines Barometers und die konkrete Angabe von Rangplätzen und durchschnittlichen Effektstärken alleine nicht aussagekräftig ist. Sie ist auch kaum geeignet, direkt auf Schule und Unterricht Einfluss zu nehmen. Insbesondere wurde ein Kritikpunkt an der Metaanalyse am Beispiel des Problemlösens deutlich, der auch an anderer Stelle genannt wird (vgl. Schiepe-Tiska u.a. 2013): Hattie stützt sich bei seiner Arbeit ganz wesentlich auf Schlüsselwörter, so wie sie in den einzelnen Arbeiten genannt werden. Dahinter kann allerdings durchaus ein jeweils unterschiedliches Begriffsverständnis stecken, sodass sich die gemeinsame Interpretation schwierig gestaltet. Metaanalysen sind prinzipiell mit diesem Problem behaftet (vgl. die Beiträge in Cooper/Hedges 1994), was ihren Wert nicht schmälert. Allerdings gibt es Ansätze, die weiterführend sein könnten. So basiert die Metaanalyse von Seidel und Shavelson

(2007) auf der Grundlage eines theoretischen Lehr-Lern-Modells. Bei dieser Arbeitsweise zeigte sich noch deutlicher, dass Unterricht, der die Vermittlung fachbezogenen Wissens zum Ziel hat und bei dem Lernprozesse von den Lehrpersonen unterstützt werden, nicht nur die Leistung positiv beeinflusst, sondern auch intrinsisch motivieren kann, also Effekte auf Interesse und Motivation hat.

Nicht unerwähnt sollte bleiben, dass bei einigen Faktoren die Ergebnisse nur schwer in einem internationalen Kontext interpretiert werden können. Effektstärken können teilweise durch länderspezifische Gegebenheiten maßgeblich beeinflusst sein. So lassen sich beispielsweise die Ergebnisse zu Faktoren wie Fachkompetenz oder Lehrerbildung (Rang 125 und 124) nur sehr eingeschränkt auf die Situation in Deutschland übertragen, da die meisten der berücksichtigten Studien in den USA oder zumindest im englischsprachigen Ausland durchgeführt wurden. Gerade in der Lehramtsausbildung gab und gibt es große Unterschiede zwischen Ländern wie Deutschland und den USA (Blömeke u.a. 2010). Auch Hattie selbst führt an, dass es nicht sinnvoll ist, die Ergebnisse seiner Studie unkritisch auf nichtenglischsprachige Länder zu übertragen (Hattie 2009). Es ist sicherlich ein Ziel von Forschung, aus Vergleichen zu lernen. Von anderen Ländern zu lernen, wie guter Unterricht aussehen kann, ist dabei ein wichtiger Aspekt. Hier ist entsprechend noch viel Potenzial für Studien, die über Metaanalysen hinausgehen müssen.

Insgesamt kann man feststellen, dass die Metaanalyse von Hattie gute Anhaltspunkte für wirksame Faktoren des Lehrens und Lernens im schulischen Kontext gibt. Die Studie ist insbesondere dann hilfreich, wenn durch Zusammenfassung von Faktoren Muster entstehen, die im Unterricht umgesetzt werden können. Studien der letzten Jahre und hier insbesondere auch die großen internationalen Leistungsvergleiche haben gerade für den Mathematikunterricht Anhaltspunkte gegeben, wie guter Unterricht aussehen kann (Schiepe-Tiska u.a. 2013). Der Vergleich mit den von Hattie herausgearbeiteten Charakteristika eines guten Unterrichts ist sinnvoll, notwendig und lohnend. Dabei muss das Augenmerk auf das Zusammenspiel von Faktoren gelegt werden, denn nur so kann es gelingen, Lehren und Lernen optimal zu gestalten (Oser/Baeriswyl 2001). Forschung und Schulpraxis sind hier gleichermaßen gefordert.

Literatur

Blömeke, S./König, J./Kaiser, G./Suhl, U. (2010): Lerngelegenheiten angehender Mathematiklehrkräfte für die Sekundarstufe I im internationalen Vergleich. In: S. Blömeke/H. Kaiser/R. Lehmann (Hrsg.): TEDS-M 2008. Professionelle Kompetenz und Lerngelegenheiten angehender Mathematiklehrkräfte für die Sekundarstufe I im internationalen Vergleich. Münster: Waxmann, S. 97–136.

Cohen, J. (1988): Statistical power analysis for the behavioral sciences. 2. Auflage. Hillsdale/New Jersey: Erlbaum.

Cooper, H./Hedges, L. V. (1994): The handbook of research synthesis. New York: Russell Sage Foundation.

Deutsches PISA-Konsortium (2000): Schülerleistungen im internationalen Vergleich. Eine neue Rahmenkonzeption für die Erfassung von Wissen und Fähigkeiten. Berlin: Max-Planck-Institut für Bildungsforschung.

Gijbels, D./Dochy, F./Van den Bossche, P./Segers, M. (2005): Effects of problem-based learning. A meta-analysis from the angle of assessment. In: Review of Educational Research, 75, S. 27–61.

Halmos, P. R. (1980): The heart of mathematics. In: American Mathematical Monthly, 87, S. 519–524.

Hattie, J. (2009): Visible learning. A synthesis of over 800 meta-analyses relating to achievement. London: Routledge.

Hattie, J. (2013): Lernen sichtbar machen. Überarbeitete deutschsprachige Ausgabe von Visible Learning besorgt von Wolfgang Beywl und Klaus Zierer. Baltmannsweiler: Schneider Verlag.

Köller, O. (2012): What works best in school? Hatties Befunde zu Effekten von Schul- und Unterrichtsvariablen auf Schulleistungen. In: Psychologie in Erziehung und Unterricht, 59, S. 72–78.

Kultusministerkonferenz (2003): Bildungsstandards im Fach Mathematik für den Mittleren Schulabschluss. Bonn: KMK.

Kultusministerkonferenz (2004): Bildungsstandards im Fach Mathematik für den Primarbereich. Bonn: KMK.

Kultusministerkonferenz (2012): Bildungsstandards im Fach Mathematik für die Allgemeine Hochschulreife. Bonn: KMK.

Leutner, D./Klieme, E./Meyer, K./Wirth, J. (2005): Die Problemlösekompetenz in den Ländern der Bundesrepublik Deutschland. In: M. Prenzel/J. Baumert/W. Blum/R. Lehmann/D. Leutner/M. Neubrand/R. Pekrun/J. Rost/U. Schiefele (Hrsg.): PISA 2003. Der zweite Vergleich der Länder in Deutschland. Was wissen und können Jugendliche? Münster: Waxmann, S. 125–146.

Meyer, H. (2004): Was ist guter Unterricht? Berlin: Cornelsen Scriptor.

Oser, F. K./Baeriswyl, F. J. (2001): Choreographies of teaching: Bridging instruction to learning. In: Richardson, V. (Hrsg.): Handbook of research on teaching. Fourth edition. Washington, D.C.: American Educational Research Association, S. 1031–1065.

Pólya, G. (1949): Schule des Denkens. Vom Lösen mathematischer Probleme. Tübingen und Basel: Francke.

Reiss, K./Roppelt, A./Haag, N./Pant, H. A./Köller, O. (2012): Kompetenzstufenmodelle im Fach Mathematik. In: P. Stanat/H. A. Pant/K. Böhme/D. Richter (Hrsg.): Kompetenzen von Schülerinnen und Schülern am Ende der vierten Jahrgangsstufe in den Fächern Deutsch und Mathematik. Ergebnisse des IQB-Ländervergleichs 2011. Münster: Waxmann, S. 72–84.

Roppelt, A./Penk, C./Pöhlmann, C./Pietsch, E. (2013): Der Ländervergleich im Fach Mathematik. In: H. A. Pant/P. Stanat/U. Schroeders/A. Roppelt/T. Siegle/C. Pöhlmann (Hrsg.): IQB-Ländervergleich 2012. Mathematische und naturwissenschaftliche Kompetenzen am Ende der Sekundarstufe I. Münster: Waxmann, S. 123–140.

Sälzer, C./Reiss, K./Schiepe-Tiska, A./Prenzel, M. (2013): Zwischen Grundlagenwissen und Anwendungsbezug. Mathematische Kompetenz im internationalen Vergleich. In: M. Prenzel/C. Sälzer/E. Klieme/O. Köller (Hrsg.): PISA 2012: Fortschritte und Herausforderungen in Deutschland. Münster: Waxmann, S. 47–97.

Schiepe-Tiska, A./Reiss, K./Obersteiner, A./Heine, J.-H./Seidel, T./Prenzel, M. (2013): Mathematikunterricht in Deutschland: Befunde aus PISA 2012. In: M. Prenzel/C. Sälzer/E. Klieme/O. Köller (Hrsg.): PISA 2012: Fortschritte und Herausforderungen in Deutschland. Münster: Waxmann, S. 123–154.

Schoenfeld, A. H. (1985): Mathematical problem solving. Orlando/Florida: Academic.

Seidel, T./Shavelson, R. J. (2007): Teaching effectiveness research in the past decade: The role of theory and research design in disentangling meta-analysis results. In: Review of Educational Research, 77, S. 454–499.

Stigler, J. W./Gonzales, P./Kawanaka, T./Knoll, St./Serrano, A. (1999): The TIMSS videotape classroom study. Methods and findings from an exploratory research project on eighth-grade mathematics instruction in Germany, Japan, and the United States. Washington DC: U. S. Government Printing Office.

Terhart, E. (2011): Hat John Hattie tatsächlich den Heiligen Gral der Schul- und Unterrichtsforschung gefunden? Eine Auseinandersetzung mit Visible Learning. In: E. Keiner u. a. (Hrsg.): Metamorphosen der Bildung. Historie – Empirie – Theorie. Bad Heilbrunn: Klinkhardt, S. 277–292.

Marko Demantowsky, Monika Waldis

Wirksamer Fachunterricht

Visible Learning in geschichtsdidaktischer Perspektive

Hattie aus fachdidaktischer Perspektive zu lesen ist nicht einfach, weil sich seine Studie ausdrücklich auf allgemeine Wirkfaktoren von Unterricht bezieht. Dennoch soll das hier auf mehrfache Weise versucht werden, indem nach Relevanz, forschungsmethodischen Grenzen und der fachbezogenen Deklinationsfähigkeit gefragt wird. Aus geschichtsdidaktischer Perspektive kann festgestellt werden, dass Hattie durchaus Anschlussfähigkeit besitzt, weil er alte Fragen neu in den Fokus rückt und Antworten auf empirischer Grundlage präsentiert. Für die geschichtsdidaktische Forschung und die unterrichtliche Praxis stellt Hattie eine positive Provokation dar, die dazu anregt, für selbstverständlich gehaltene Tatsachen zu reflektieren.

Es gehört fast zu den selbstverständlichen Stereotypen mehr oder minder bildungsbürgerlicher Selbstverständigung in Deutschland, sich offen dazu zu bekennen, dass von dem, *was* in der Schule eigentlich gelernt werden sollte, rein gar nichts mehr gegenwärtig sei (z.B. Hermann 2010, S. 31). Einzelne Erlebnisse, ja das „Leben an sich" mit seinen personengeprägten Abstrusitäten und seiner grundsätzlichen Unwägbarkeit, ja auch – daran erinnere man sich, aber: Wer wisse noch etwas Konkretes aus dem Chemie-, Religions- oder Geschichtsunterricht? Wer hätte je wieder etwas davon gebraucht?

In diesem Stereotyp vom wirkungslosen und lebensfernen Schulunterricht liegt selbstverständlich sehr viel entlastender und narzisstischer Selbstentwurf. Alles biografisch Erreichte kann auf diese Weise ausschließlich sich selbst zugeschrieben werden. Neben diesem nur allzumenschlichen Motiv gehört noch etwas anderes zum Topos des bedeutungslosen Schulunterrichts, nämlich dessen altbekannte und „gute" Paradoxie des Sich-durch-Erfolg-Überflüssigmachens. Denn der Erfolg von schulischem Unterricht zeigt sich nicht zuletzt darin, dass Vieles in ihm Gelernte so selbstverständlich wird, dass man sich gar nicht mehr vorstellen kann, es jemals nicht gewusst zu haben oder gar – horribile dictu – in der Schule gelernt zu haben. Die Anpassungen und die (Nach-)Konstruktionen der schulfachrelevanten expliziten wie impliziten Theorien (Hallden 1997) geschehen selten als Heureka in der griechischen Badewanne, sondern sind in der Regel für den einzelnen Lernenden längere, nicht immer gradlinige, auch widersprüchliche Prozesse, die meist ungenügend reflektiert werden.

Diese ungenügende Reflexion des Lernprozesses liegt offenbar auch daran, dass Lernzuwächse und Lernprobleme zu selten und zu wenig systematisch sichtbar gemacht worden sind (Hattie 2013, S. 285). Damit steht man schon mitten in Hatties Text. Wie zu zeigen war, steckt also auch in diesem Stereotyp vom wirkungslosen Schulunterricht eine (ungewusste) richtige Einsicht. Der (falsche) Eindruck, nichts gelernt zu haben, rührt auch daher, dass einem – jenseits der zu bestehenden Leistungskontrollen und ihren kaum zu objektivierenden Benotungen – das Lernen selbst nicht bewusst gemacht worden ist und man es sich deshalb auch nicht bewusst gemacht hat. Dieser Befund wiederum zeigt, woran der schulische Unterricht sowie seine Wahrnehmung und Wirkung in individuell-langfristiger, biografischer Perspektive tatsächlich leidet (vgl. Sauer u.a. 2014): Nicht, dass er nicht wirksam wäre (was von den Schülerinnen und Schülern selten erkannt wird), sondern dass er nicht wirksam genug ist (wofür die entsprechende Erkenntnis der Schülerinnen und Schüler ein valides Kriterium wäre).

In der deutschen Didaktik der Geschichte war und ist, abgesehen von zwei frühen Thematisierungen (Müller 1972; Grieshammer 1976), der Effizienz- und Wirksamkeitsgedanke weithin verpönt. Das hat sehr viel mit der Entstehungszeit der modernen Geschichtsdidaktik in der Bundesrepublik der 1960er und 1970er Jahre zu tun. In dieser Zeit musste sich die entstehende Disziplin mit einem ehrgeizigen und produktiven Pendant auseinandersetzen: In der DDR war sie staatslegitimatorisch eingebunden und hatte sich gemäß der marxistisch-leninistischen Propaganda einem überzogenen Wirksamkeitsanspruch verschrieben (Müller 1972, S. 20f.; Kruppa/Wermes 1975, S. 1–20). Müllers westdeutsche empirische Arbeit wiederum ist ein Paradebeispiel für einen rezeptologisch vereinseitigten Untersuchungsansatz, dessen Ergebnis, dass nämlich Gruppenunterricht mit Quellenarbeit effektiver sei als Frontalunterricht mit Lehrererzählung, sicher keinen Leser überrascht haben wird (Müller 1972, S. 153f.). Das ist natürlich nicht die Art von Wirksamkeitsuntersuchung, die Hattie mit seiner breit in die angelsächsische Forschungsliteratur eingebetteten Meta-Metaanalyse betreibt (vgl. kritisch Terhart 2011, S. 289–292).

Die geschichtsdidaktische Diskussion nähert sich seit einigen Jahren in einzelnen Beiträgen einer offenen und vorurteilsreflektierten Effizienzdiskussion vorsichtig wieder an (z.B. Gautschi 2013, S. 221–229). Das Anregungspotenzial von Hattie für die Didaktik der Geschichte erscheint uns auch deswegen im Moment groß.

Im Folgenden soll zunächst (1) kurz zu *Spezifik und den Grenzen der Hattie-Studie* Stellung genommen werden. Anschließend möchten wir vor diesem Hintergrund versuchen, (2) das *allgemeine Element der Fachlichkeit des Unterrichts* näher zu beleuchten und darüber hinaus (3) das *spezifisch geschichtsdidaktische Anregungs- oder auch Bestätigungspotenzial* der Hattie-Studie näher zu bestimmen.

Spezifik und Grenzen der Studie

Bei der Rezeption der Ergebnisse der Synopse von 800 Metaanalysen sind – wie bei allen empirischen Studien – die Grenzen dieses riesigen Unterfangens zu beachten. Der Autor selbst verweist in seinem Buch immer wieder auf Vorzüge und Grenzen der Aussagekraft der vorliegenden Daten (Hattie 2009, S. 237–261). Aus Sicht der deutschsprachigen Bildungsforschung gibt es weitere Punkte anzumerken (vgl. Steffens/Höfer 2012; Terhart 2011 und in diesem Band), die von Relevanz sind, wenn aus den vorliegenden Befunden Schlussfolgerungen zur zukünftigen Gestaltung von Schule und Unterricht herangezogen werden sollen. Zum Verständnis der vorliegenden Ergebnisse ist zu beachten,

- dass Hatties Studie auf Metaanalysen basiert und es demnach weniger darum geht, ein differenziertes Bild zu einzelnen Gestaltungsmerkmalen zu geben: Vielmehr steht der *Vergleich der Wirksamkeit verschiedenster Faktoren der Gestaltung von Schule und Unterricht im Vordergrund*;
- dass der Fokus der Studie auf der Erklärung von leistungsförderlichen Faktoren liegt, indem Effektmaße (Effektstärken) im Hinblick auf Leistungszuwächse berichtet werden, weitere schulische Outcomes wie zum Beispiel Interesse oder fachliches Selbstkonzept hingegen keine Beachtung erhielten: Hattie anerkennt diese Lücke (2009,

S. 254), weist aber darauf hin, dass Lernzuwächse und Leistungsfortschritte das zentrale Ziel von Schule und Unterricht sind bzw. sein müssen;

- dass Aussagen über das Zusammenwirken der einzelnen Faktoren (auch in einem Gesamtzusammenhang) methodenbedingt nicht möglich sind und somit Aussagen über einzelne Wirkfaktoren, jedoch nicht zu ihrem Zusammenspiel vorliegen (Steffens/Höfer 2012);
- dass die gefundenen Effektstärken weder nach Schulstufe (Vorschule, Schule, Hochschule, Erwachsenenbildung) noch nach Fächern unterschieden wurden, was die Aussagekraft der gefundenen Ergebnisse beträchtlich schmälert: So ist etwa aus geschichtsdidaktischer Sicht anzumerken, dass sich sowohl Unterrichtsmethodik als auch konkrete Lernziele im Geschichtsunterricht der Primarstufe und im Gymnasium deutlich voneinander unterscheiden. In der Primarstufe soll „historisches Denken" angebahnt werden, welches in der Gymnasialstufe in einen informierten, kritischen und reflektierten Umgang mit Vergangenheit und Geschichte mündet;
- dass unklar bleibt, ob jeweils individuelle Hintergrundmerkmale und Kompositionsmerkmale der Schulklassen sowie institutionelle Merkmale in den Metaanalysen kontrolliert wurden: So ist gerade bei Implementationsstudien davon auszugehen, dass der Erfolg oder Misserfolg neu implementierter Gestaltungselemente im Unterricht zumindest teilweise von institutionellen Rahmenbedingungen und der Zusammensetzung der Schülerschaft abhängt.

Immer wieder wird bei der Rezeption der Hattie-Studie darauf aufmerksam gemacht, dass die berichteten Effektstärken auf *Schulwirklichkeiten englischsprachiger Länder* beruhen und somit ein kultureller Bias nicht ausgeschlossen werden kann. Die Übertragbarkeit der Ergebnisse auf Schulen anderer Kulturen (Asien, Teile Europas) wird kritisch eingeschätzt und eine Übertragung der Ergebnisse auf Schulen aus Entwicklungsländern als nicht sinnvoll betrachtet. Des Weiteren wird angemahnt, dass die zehn derzeit als *top performing countries* gekennzeichneten Nationen nicht nur aus dem angloamerikanischen Kulturkreis stammen, sondern auch asiatische Länder oder die Niederlande umfassen (Beywl/Zierer 2013, XIV f.; Helmke 2013). Diese Länder sind in den Metaanalysen nicht im gleichen Maße repräsentiert, wie es die englischsprachigen Länder sind, in denen bekanntlich die dem Paradigma der Lehrereffektivität verpflichtete empirische Unterrichtsforschung sehr viel früher startete. So ist tatsächlich von einer Unterrepräsentation von Daten aus besonders leistungsfähigen Schulsystemen auszugehen und die Frage zu stellen, inwiefern diese Sachlage die vorgefundenen Effektstärken beeinflusste. Aufgrund fehlender empirischer Evidenz kann die Frage zum jetzigen Zeitpunkt nur diskutiert, jedoch nicht abschließend beantwortet werden.

Zweifelsohne ist von großen Verschiedenheiten im Funktionieren von Schulsystemen und Schulformen innerhalb einer Gesellschaft auszugehen (Helmke 2013). Die Hattie-Studie kann aufgrund ihrer Anlage mit dem Ziel der Feststellung schulübergreifender und schulsystemübergreifender Effektstärken zu kulturspezifischen Zusammenhängen keine Aussage machen. Hier wären weitere Forschungsarbeiten anzuhängen oder zur Kenntnis zu nehmen. Hattie anerkennt allerdings, dass die Berücksichtigung kultureller Verschiedenheit dem Gegenstand angemessen wäre. Zugleich weist er auf die Möglichkeit hin, die vorliegenden Forschungsresultate aus unterschiedlichen (kulturellen) Perspektiven zu diskutieren: „The 'story' told in this book about visible teaching and visible learning is one set of plausible hypotheses to fit a model to these data and the data to the model – there are certainly many more. Alternative plausible hypotheses are welcomed" (Hattie 2009, S. 248).

Fachlichkeit des Unterrichts: Offene Fragen und Kommentare

Werden die Faktoren der Unterrichtsqualität genauer betrachtet, die in der Studie von Hattie eine Effektstärke von 0.40 und mehr erzielen, so fällt zunächst die große Anzahl von Merkmalen auf, die *in jedem Fachunterricht* zur Anwendung kommen können und somit eher allgemein-didaktische Aspekte des Unterrichtens umfassen. Aus *fachdidaktischer Perspektive* stellt sich die Frage nach dem Einfluss von fachlichen Aspekten der Unterrichtsqualität. An verschiedenen Orten taucht der Einfluss fachlicher Aspekte auf, etwa dann, wenn Hattie auf die lernförderliche Wirkung des informativen Lehrerfeedbacks zu Handeln der Lernenden oder umgekehrt des Schülerfeedbacks an die Lehrperson hinweist oder wenn er die zentrale Rolle der Fehlerkultur im Unterricht hervorhebt. So ist schwer vorstellbar, dass informatives Feedback fachlich losgelöst geschehen kann oder der Umgang mit Fehlern inhaltsleer erfolgt. Die untenstehende Ordnung lernförderlicher Faktoren aus dem Bereich Unterricht unterscheidet zwischen Merkmalen der Unterrichtsqualität, die fachübergreifend und ohne spezifische Auseinandersetzung mit fachlichen Besonderheiten in jedem Fachunterricht implementiert werden können bzw. müssen, und Merkmalen, denen eine gewisse Fachlichkeit unterliegt (siehe Tab. 1).

Allgemeine Merkmale der Unterrichtsqualität	***d***
Kooperatives Lernen (Hattie 2013, S. 250 f.)	0.41
Lernen in Kleingruppen (Hattie 2013, S. 113)	0.49
Klassenführung (Hattie 2013, S. 122)	0.52
interaktive Lernvideos (Hattie 2013, S. 269 f.)	0.52
Kooperatives vs. kompetitives Lernen (Hattie 2013, S. 252)	0.54
Peer-Tutoring (Hattie 2013, S. 221 f.)	0.55
Kooperatives vs. individuelles Lernen (Hattie 2013, S. 250 f.)	0.58
Lerntechniken (Hattie 2013, S. 224 – 228)	0.59
Direkte Instruktion (Hattie 2013, S. 242 – 245)	0.59
Lautes Denken (Hattie 2013, S. 228 f.)	0.64
metakognitive Strategien (Hattie 2013, S. 224)	0.69
rhythmisiertes vs. geballtes Lernen (Hattie 2013, S. 220 f.)	0.71
Lehrer-Schüler-Beziehung (Hattie 2013, S. 141 – 143)	0.72
Reziprokes Lehren (Hattie 2013, S. 240 – 242)	0.74
Interventionen für Lernende mit besonderem Förderbedarf (Hattie 2013, S. 256 – 258)	0.77

Merkmale der Unterrichtsqualität, denen eine gewisse Fachlichkeit unterliegt	***d***
Verhaltensziele/Advance Organizers (Hattie 2013, S. 199)	0.41
Passung von Lernmethoden und Lernstilen (Hattie 2013, S. 231 – 234)	0.41
Fragen stellen (Hattie 2013, S. 215 – 217)	0.46
Ziele (Hattie 2013, S. 195 – 198)	0.56
Concept Mapping (Hattie 2013, S. 200 f.)	0.57
Fallbeispiele (Hattie 2013, S. 204 f.)	0.57
Mastery Learning (Hattie 2013, S. 202 – 204)	0.58
Lehrstrategien (Hattie 2013, S. 237 – 240)	0.60
Problemlösen (Hattie 2013, S. 248 f.)	0.61
Feedback (Hattie 2013, S. 206 – 211)	0.73
Klarheit der Lehrperson (Hattie 2013, S. 150 f.)	0.75
formative Evaluation des Unterrichts (Hattie 2013, S. 215)	0.90

Tab. 1: Lernförderliche Faktoren aus dem Bereich Unterricht mit bedeutsamen Effektstärken, aufgeteilt nach dem Kriterium potenzieller Fachlichkeit

Die Zusammenstellung zeigt, dass eindeutig fachlich geprägte Merkmale der Unterrichtsqualität wie beispielsweise die Kohärenz der Inhalte, deren Relevanz im Hinblick auf die zu erreichenden Lernziele, der fachliche Anspruchsgehalt (Erarbeitung von Begriffswissen oder von komplexen Zusammenhängen) oder deren Exemplarität für die Sichtbarmachung eines fachlichen Prinzips im übergeordneten Bereich „Unterricht“ vergeblich gesucht werden. Der Begriff der Fachlichkeit musste demzufolge bei der Herstellung von Tab. 1 sehr breit ausgelegt werden und umfasst Unterrichtsmerkmale, die zumindest auf der Lehrerseite eine fachlich geprägte Auseinandersetzung mit dem Stoff für den zielgerichteten Einsatz im Unterricht voraussetzen. Darunter befinden sich mehrere Merkmale mit ausgesprochen hohen Effektstärken wie Feedback, Klarheit der Instruktion und formative Bewertung. Wird die Suche nach einschlägigen inhaltlichen Faktoren weitergeführt, so finden sich doch einige Aussagen, überraschenderweise aber nicht im Bereich Unterricht sondern im Bereich Lehrperson, und hierzu insbesondere unter dem Einzelfaktor *teaching quality*. Weshalb dieser Faktor von Hattie dem Bereich Lehrperson und nicht dem Bereich Unterricht zugeordnet wurde, bleibt vorerst unklar.

Es wäre sicherlich falsch, aufgrund der geringen Anzahl einschlägiger inhaltlicher Faktoren den Schluss zu ziehen, fachspezifische Merkmale der Unterrichtsqualität seien für die Prädiktion von Lernzuwächsen bedeutungslos. Der Blick in Hatties Buch (2009) bzw. die deutschsprachige Übersetzung von Beywl und Zierer (2013) zeigt vielmehr, dass nur eine kleine Anzahl der untersuchten 138 Faktoren spezifische Qualitätsaspekte fachlichen Lernens adressierten, was unter anderem auch der Anlage der Studie – eine Synopse über Fächer und Schulstufe hinweg – geschuldet ist. Wissenschafts- und disziplingeschichtlich ist hierzu anzumerken, dass die angloamerikanische Forschung zu *teacher effectiveness* sowie die sich daraus entwickelnde Unterrichtsforschung lange Zeit Domäne der pädagogischen Psychologie war, und sich die Referenzdisziplinen der untersuchten Schulfächer über die Jahre nur zögerlich an der Diskussion zu Fragen der Unterrichtsqualität beteiligten. Hinzu kommt, dass die Datenbasis der Synopse auf 50.000 Einzelstudien, die mehrheitlich zwischen 1985 und 2000 durchgeführt wurden, basiert und somit der Erhebungszeitpunkt der Basisdaten noch vor dem Erstarken der Fachdidaktiken und der damit einhergehenden Intensivierung der empirischen Forschung zu Fragen des Fachunterrichts liegt. Es wird in Zukunft spannend sein, die Entwicklung fachspezifischer Fragestellungen zu Lernprozessen und Unterrichtsqualität zu verfolgen und deren Ergebnisse mit den Befunden der Hattie-Studie

(2009) zu vergleichen. Möglicherweise müssen in 20 Jahren die gefundenen Unterrichtsfaktoren durch weitere genuin fachdidaktische Faktoren ergänzt werden.

Geschichtsdidaktisches Anregungspotenzial

Ausgangspunkte

Was „Fachlichkeit" konkret bedeutet, muss jede Didaktik der kulturwissenschaftlichen Fächer aus ihrer jeweiligen disziplinären Tradition und Matrix heraus eigens ausbuchstabieren (Demantowsky/Steenblock 2011). Vor der falschen und vorschnellen Beanspruchung von „Domänenspezifik" in den einzelnen Unterrichtsfächern sollte man sich allerdings hüten (vgl. Wineburg 2001a). Es gibt – unbeschadet aller Fachspezifik – gewiss eine geteilte Fachlichkeit kulturwissenschaftlicher Fächer, was sich durch den englischsprachigen Begriff der *humanities* sehr angemessen ausdrücken lässt. Diese geteilte Fachlichkeit genauer zu analysieren ist eine noch zu bearbeitende Aufgabe.

Hattie leistet dieser Aufgabe der fachbezogenen Selbstbestimmung objektiv dadurch Vorschub, dass er sich jeglicher fachinhaltlichen Bestimmungen konsequent enthält, sodass wohlwollende Kritiker gut nachvollziehbar nach dem „Where is the beef?" gefragt haben (Terhart 2011, S. 282), weil ja in der Tat schulischer Unterricht grundsätzlich inhaltlich gerichtet und motiviert ist. Aber wahrscheinlich wäre es ein zu hoher Anspruch an den Meta-Metaanalytiker Hattie, ihm inhaltliche Konkretionen abzuverlangen. Es scheint ein Faktum zu sein, dass bestimmte Maßnahmen fachübergreifend zuverlässig wirksamer sind als andere, zum Beispiel eine reziproke Feedbackkultur (Hattie 2013, S. 206–211). Diese Maßnahmen stellen sich in den verschiedenen Fachkulturen aber verschiedenartig dar, müssen verschiedenartig operationalisiert werden und verlangen verschiedenartige, nämlich fachspezifische Lehreraus- und Lehrerfortbildung. Wahrscheinlich liegt die von Hattie erwünschte und angelegte Falsifizierbarkeit seiner Thesen nicht zuletzt auch in ihrer fachspezifischen Anwendung und Testung (Hattie 2013, S. 280).

Wenn man nun versucht, den geschichtsdidaktischen Konsens zur spezifischen Fachlichkeit des Geschichtsunterrichts in wenigen Stichworten zusammenzufassen, so heißen diese etwa: geschichtswissenschaftliche Einbettung, Quellenorientierung, Narrativität, geschichtskulturelle Kontextualisierung, Multiperspektivität (Schönemann 2003; Demantowsky 2011, S. 46–52; Rüsen 2013, S. 253–273). Hatties fachbezogene, aber noch abstrakte Einflussfaktoren (vgl. Tab. 1) bedürfen im Lichte dieser Fachspezifik einer Art von Deklinationsversuch, um ihre Anschlussfähigkeit im Rahmen der geschichtsdidaktischen Diskussion bestenfalls zu gewährleisten, mindestens aber anzuregen. Es wäre nun allerdings müßig, die 13 benannten fachaffinen Faktoren im Einzelnen zu diskutieren. Das soll gern der weiteren Diskussion überlassen werden. Man könnte aber an drei zentralen Konzepten Hatties, in denen die Befunde zu den einzelnen Faktoren zusammenlaufen, eine solche Deklination kurz andenken und damit weitere fachspezifische Gegenrede und Weiterentwicklung provozieren.

Sichtbarkeit

Sichtbarkeit ist ohne Zweifel nicht einfach ein Konzept unter anderen bei Hattie, sondern die Quintessenz aller seiner Befunde, weshalb sein Buch auch ganz richtig den Titel *Visible Learning* trägt. Entscheidend bei dieser Sichtbarmachung ist nach Hattie allerdings dessen Reziprozität, das heißt, nicht nur soll das Lernen der Schülerin/des Schülers der Lehrperson und wiederum der Schülerin/dem Schüler selbst kenntlich werden, sondern auch das Lernen (!) der Lehrperson der Schülerin/dem Schüler. Darüber hinaus sollen die Erkenntnisse der Lehrperson zum Lernen der Schüler/Schülerinnen auch den anderen verantwortlichen Lehrpersonen (und den Eltern) deutlich werden usw. All dies entspricht in etwa den hoch veranschlagten Wirkfaktoren wie Selbsteinschätzungen des eigenen Lernniveaus (d = 1.44), formative Evaluation des Unterrichts (d = 0.9), Klarheit der Lehrperson (d = 0.75), Reziprokes Lehren (d = 0.74) oder Feedback (d = 0.73), womit 5 der 10 wirkmächtigsten Einflussfaktoren der Hattie-Studie benannt wären, und es weist auf die Bedeutung der Diagnosekompetenz bei Lehrpersonen hin.

Für den Geschichtsunterricht sind diese Maßnahmen insbesondere im Hinblick auf die impliziten Theorien von Lernenden und Lehrenden über „Geschichte“ relevant. Grundsätzlich weiß man in der Geschichtsdidaktik noch viel zu wenig darüber, wie Erwachsene und Heranwachsende über „Geschichte“ denken. Die repräsentativen und klug erhobenen Befunde der Projekte von Bodo von Borries aus den 1990er Jahren stimmten pessimistisch (von Borries 1995, 1999). Neuere, forschungsmethodisch allerdings anfechtbare Studien bestätigten den pessimistischen Tenor (z. B. Schroeder 2012). Damit findet man sich in der zu Anfang geschilderten Situation wieder: Es ist nicht nur ein schlechtes Stereotyp, dass im (Geschichts-)Unterricht wenig gelernt wird; es ist noch keiner Studie gelungen, die wahrscheinlich doch wirksamen Lehrerfolge zuverlässig nachzuweisen. Es stehen sich oft – sehr wenig bewusst – alle möglichen Spielarten und Abschattierungen des historischen Objektivismus („Geschichte" als *res gestae*) und des historischen Konstruktivismus („Geschichte" als *historia rerum gestarum*) gegenüber und versuchen, sich ein gemeinsames Verständnis konkreter Strukturen, Ereignisse, Prozesse oder Institutionen der Vergangenheit zu erarbeiten; was natürlich zum Scheitern verurteilt ist bzw. keine treibenden, erregenden und nachhaltigen geschichtsbezogenen Einsichten produziert.

Es gilt dies aber nicht nur für allgemeine implizite Geschichtstheorien (Hypostasierungen, Personalisierungen etc.), sondern auch für objektstufige und durch gesellschaftliche Tradierung und massenmediale Endlosschleifen gestützte Vorannahmen über konkrete Phänomene der Vergangenheit. So stecken zum Beispiel die Erzählungen über das deutsche Kaiserreich, über den Kalten Krieg, über „1989" (um nur wenige Fälle anzuführen) noch immer voller Simplifikationen und vorschneller Urteile. Man schaue nur in die gängigen Lehrbücher.

In diesem Sinne beschreibt *Visible Learning* eine entscheidende Voraussetzung für wirksamen Geschichtsunterricht: Metastufige, das heißt abstrakte Vorannahmen über „Geschichte" und konkrete vergangene Phänomene müssen zu einem immer wieder auftauchenden Gegenstand des Unterrichts werden. Die sogenannten Geschichtsbilder aller Beteiligten müssen nicht nur offengelegt und (in welcher Form auch immer) zum Ausdruck gebracht werden (Stichwort: Narrativieren), dieses Ausdrücken selbst muss erst schrittweise und geduldig geübt und gelernt werden. Es muss gelernt werden, die sichtbar werdende Differenz zu verhandeln (gerade in unseren diversen Gesellschaften), sie muss ausgehalten (Stichwort: Ambiguitätstoleranz) und in einen gemeinsamen metastufigen Lernprozess (strategisches Wissen) überführt werden.

Lehrperson (im Geschichtsunterricht)

Die geschichtsdidaktische Forschung hat die Lehrpersonen als eigenes spezifisches Forschungsfeld seit ein paar Jahren für sich entdeckt. Dafür sprechen aktuelle Sektionen auf großen Konferenzen, repräsentative Sammelbände (Popp u.a. 2013), Themenbeiträge in zentralen Fachpublikationen (Seidenfuss 2014; Hodel/Ziegler, 2011) und zuletzt erfolgreiche Drittmittelanträge. Gleichsam *en passant* standen Lehrpersonen schon zuvor immer mal zur empirischen Untersuchung, mit Ergebnissen, die in ihrem Grundtenor im Übrigen viele Befunde Hatties aus Fachperspektive stützten (z.B. von Borries 1995, S. 277–348).

Viele, wenn nicht die meisten der von Hattie ermittelten Wirkfaktoren für erfolgreichen Unterricht hängen mit dem *Handeln der Lehrpersonen* zusammen bzw. sind deren unmittelbare Manifestation. Die Frage nach dem Komplex von Handeln, Qualifikation (und Sozialisation), Motivation und berufsbezogenen Überzeugungen der Lehrpersonen ist demnach ebenso zentral wie die nach der Sichtbarkeit des Lernens und Lehrens. Hattie liefert mit seinen „sechs Wegweisern für Exzellenz im Bildungsbereich“ (Hattie 2013, S. 280f.) eine sehr übersichtliche Synthese seiner Schlussfolgerungen. Diese Schlussfolgerungen tragen einerseits stark *allgemein*didaktischen Charakter (Wegweiser 1, 2, 6), andererseits weisen sie aber auch *geschichts*didaktisches Anregungspotenzial auf:

- Es geht zum einen um so etwas wie *sachbezogene Diagnosekompetenz* (Wegweiser 3): Wenn ich wissen will, *wie* Lernende im Unterricht denken, muss ich wissen, *was* sie denken. Ein entscheidendes Mittel, um hierüber Aufklärung zu erhalten, wurde unter dem Punkt „Sichtbarkeit“ bereits diskutiert. Historische Vorannahmen müssen offen, kontrovers und tolerant verhandelt werden. Lernen beginnt nicht mit der Repetition eines systematischen Tafelbildes zu Testzwecken; dies ist eigentlich sein Ende. Dies ist keine neue Einsicht, aber es ist eine Einsicht, die eben keinesfalls allgemein akzeptiert und operationalisiert ist.
- Lehrpersonen sollen den *Lernprozess exakt stufen können* (Wegweiser 4). Dazu gehört eine tiefe Einsicht in die Psychologie des geschichtsbezogenen Lernens (z.B. Wineburg 2001b), die angesichts bisheriger Ausbildungs- und Fortbildungscurricula keinesfalls als gegeben angenommen werden kann. Studierende lernen oftmals nur alle möglichen normativ-didaktischen Konzepte kennen, die dann womöglich in Prüfungen abgefragt werden, aber herzlich wenig darüber, was man mittlerweile insgesamt über das Unterrichtsgeschehen und seine Rezeption durch Lernende wissen kann. Seit der domänen-

spezifischen Wende (spätestens Sodian 1995) ist es nicht mehr genug, ausschließlich auf die allgemeinen Einführungen in die Lern- und Entwicklungspsychologie zu vertrauen. Diese Einsicht hat sich allerdings noch nicht in jedem geschichtsdidaktischen Ausbildungs- und Fortbildungscurriculum niedergeschlagen. Dabei gibt es inzwischen bemerkenswerte und anregende geschichtsdidaktische Forschungsprojekte zur Entwicklung und Struktur des geschichtsbezogenen Denkens von Heranwachsenden (Kölbl 2004; Kübler u.a. 2013); weitere werden hoffentlich folgen.

- Es kommt nicht nur darauf an (Wegweiser 5), den Lernenden eine Aussprache über ihr geschichtsbezogenes Vorwissen und ihre Vorurteile zu ermöglichen, sondern auch das geschichtsbezogene Vorwissen und die entsprechenden Vorurteile der Lehrpersonen kennenzulernen und grundsätzlich zu befragen (Sperisen/Schär 2011). Die Lehrperson im Geschichtsunterricht sollte zusätzlich auch einen elaborierten Plan hinsichtlich dessen haben, wie der „Referenzrahmen" (Wilschut 2009, S. 631–635) bzw. die Architektur eines reflektierten Geschichtsbildes ihrer Schülerinnen und Schüler am Ende des Bildungsgangs aussehen könnte. Selbstverständlich sind hier grundlegende Kenntnisse der domänenspezifischen Psychologie wichtig, darüber hinaus kommt es aber darauf an, auf fachlicher (hier: historischer) Ebene in der Lage zu sein, eine übergreifende Narration zu entwickeln, die den aktuellen wissenschaftlichen Kriterien und den legitimen Anforderungen an Geschichtsunterricht im Rahmen einer freiheitlich-demokratischen Grundordnung entspricht (z.B. Beutelsbacher Konsens). Hier zeigt sich erneut ein gravierendes Defizit heutiger Geschichtslehreraus- und -lehrerfortbildung: Die sachhistorischen Curricula befördern ein verinseltes, epochenbezogenes Detailwissen, das in hochspezifischen Lehrveranstaltungen erworben wird. Es gibt aber nur noch wenige historische Grundlagenvorlesungen, die den großen narrativen Wurf wagen und diskutierbar machen. Dies führt wiederum dazu, dass es Lehrkräften schwerfällt, mit den Lernenden an einem triftigen und beweglichen narrativen Referenzrahmen zu arbeiten, der sie durch den mehrjährigen Bildungsgang tragen könnte. Dabei gibt es längst inspirierende und zeitgemäße Vorschläge für geschichtsdidaktisch bedeutsame Großerzählungen (Marks 2006). Wir finden solche ebenfalls in der Vergangenheit (von

Schlözer 1779/2011), und es gibt diskussionswürdige geschichtsdidaktische Konzepte zur Entwicklung aufgeklärter narrativer Referenzrahmen wie den Ansatz der „polythetic narratives" von Denis Shemilt (2000).

Verlassen wir Hatties „Wegweiser" und suchen nach weiteren, vielleicht anschlussfähigen Interpretationen der Befunde. „Einer der größten Mythen des Lehrens ist, dass alle Lehrpersonen gleich seien" (Hattie 2013, S. 294). So unterschiedlich wie die Studien- und schulpraktischen Ausbildungsleistungen angehender (Geschichts-)Lehrpersonen sind, so unterschiedlich sind auch die individuellen Professionalisierungsverläufe. Wie differenziert sind eigentlich unsere geschichtsdidaktischen Aus- und Fortbildungsprogramme? Wie klar ist sich jede angehende und praktizierende Lehrperson über ihren fachspezifischen Professionalisierungsstand? Seit Jahrzehnten und nicht erst seit Hattie wird eine die individuelle Lernausgangslage der Schülerinnen und Schüler berücksichtigende, also lernstandsbezogene individuelle Differenzierung des Geschichtsunterrichts gefordert, gleichzeitig ist der Mythos der einheitlichen Leistungsfähigkeit und Qualifikation der Geschichtslehrperson unausgesprochene Basis jedes Ausbildungscurriculums. An sich würde der Bologna-Prozess vor allem durch das Prinzip der studienbegleitenden Prüfungen wichtige Ansatzpunkte bieten, um auch in der Lehrerbildung lernstandsbezogen zu differenzieren. Die Realität ist aber nach wie vor durch Leistungsbewertungen im Lehramtsstudium Geschichte gekennzeichnet, die sich alles in allem in einem engen Korridor bewegen, eine starke Tendenz zur Einheitsnote „gut" haben – und ungenügende Leistungen nur noch im absoluten Ausnahmefall kennen. Diese Feedbackkultur honoriert kein Engagement und markiert Defizite nicht auf eine Weise, die Motivation zur Bearbeitung derselben schafft.

Lernstrategien

Hattie schließt sich entschieden der Warnung vor der „Rezeptfalle" an. Nicht irgendwelche konkreten Methoden seien für den effektiven Erfolg von Unterricht ausschlaggebend, sondern die Realisierung der *Prinzipien* des *Visible Learning*. Das heißt, wenn Lernende klare und häufige Rückmeldungen über ihren Lernerfolg bekommen, wenn sie das Bezugssystem kennen, in dem Lernerfolg festgestellt werden kann, wenn das Lerngruppenklima eine offene und reziproke Fehlerkultur zulässt und so weiter, dann kann die Lehrperson in dieser Rahmung sehr verschiedene Methoden, Materialien und Medien einsetzen. Für die Geschichtsdidaktik ist daraus der Anstoß zu entnehmen, sich nicht in unterrichtsmethodischen Detailfragen zu verlaufen, sondern sich in Forschung und Aus- und Fortbildung auf die Psychologie des geschichtsbezogenen Denkens, auf eine angemessene Wissensarchitektur, auf exzellente Gegenstandskenntnisse und auf sach- und subjektangemessene sowie reziproke Rückmeldesysteme zu konzentrieren, wenn es denn am Ende auch im gegenwärtigen und zukünftigen Geschichtsunterricht vor allem um die Wirksamkeit didaktischen Handelns und nicht um ein zweckfreies Spiel gehen soll.

Zum Schluss: Üben! *Repetitio est mater studiorum* (Cassiodor). Hattie geht intensiv auf die Bedeutung des Übens für effektiven Unterricht ein. Effektiv werde Üben dann (Hattie 2013, S. 289), wenn es in kontextualisierende Lernstrategien eingebunden sei. Wann sind eigentlich Übungseffekte von der Geschichtsdidaktik zuletzt untersucht, entwickelt und gelehrt worden (abgesehen von der rezeptologischen Publikation Kneile-Klenks 2007)? Was wissen wir über den Erfolg verschiedener Übungskonzepte? Selbstverständlich enthält jedes gut gestufte Kompetenzmodell Annahmen über Übungseffekte, auch diese Annahmen bedürfen allerdings stärkerer Explikation und Untersuchung.

John Hattie erinnert uns an alte pädagogische Selbstverständlichkeiten, verschafft ihnen im besten Sinne empirische Evidenz. Das ist für viele Geschichtsdidaktikerinnen und -didaktiker und Geschichtslehrpersonen sicherlich ein Stein des Anstoßes. Gut so.

Literatur

Beywl, Wolfgang/Zierer, Klaus (2013): Lernen sichtbar machen. Zur deutschsprachigen Ausgabe von „Visible Learning". In: John Hattie: Lernen sichtbar machen. Baltmannsweiler: Schneider Hohengehren, S. VI–XXVI.

von Borries, Bodo (1995): Das Geschichtsbewusstsein Jugendlicher. Erste repräsentative Untersuchung über Vergangenheitsdeutungen und Zukunftserwartungen von Schülerinnen und Schülern in Ost- und Westdeutschland. München: Juventa.

von Borries, Bodo (1999): Jugend und Geschichte. Ein europäischer Kulturvergleich aus deutscher Sicht. Opladen: Leske & Budrich.

Demantowsky, Marko (2011): Die Didaktik der Geschichte als „Fachdidaktik" – Abgrenzungen, Vereinnahmungen, Selbstverständnis. In: ders./Volker Steenblock (Hrsg.): Selbstdeutung und Fremdkonzept. Die Didaktiken der kulturwissenschaftlichen Fächer im Gespräch. Bochum/Freiburg i. Br.: Projektverlag, S. 39–52.

Demantowsky, Marko/Steenblock, Volker (2011): Ein Gespräch der „Fachdidaktiken" – wozu? Zur Einleitung. In: dies. (Hrsg.): Selbstdeutung und Fremdkonzept. Die Didaktiken der kulturwissenschaftlichen Fächer im Gespräch. Bochum/Freiburg i. Br: Projektverlag, S. 9–18.

Gautschi, Peter (2013): Erkenntnisse und Perspektiven geschichtsdidaktischer Unterrichtsforschung. In: Marko Demantowsky/Bettina Zurstrassen (Hrsg.): Forschungsmethoden und Forschungsstand in den Didaktiken der kulturwissenschaftlichen Fächer. Bochum/Freiburg i. Br: Projektverlag, S. 203–244.
Grieshammer, Birke (1976): Untersuchung zur Effektivität eines Geschichtsunterrichts mit Bildquellen. In: Walter Fürnrohr/Hans Georg Kirchhoff (Hrsg.): Ansätze empirischer Forschung im Bereich der Geschichtsdidaktik. Stuttgart: Klett, S. 225–234.
Hallden, Ola (1997): Conceptual change in the learning of history. In: International Journal of Educational Research, 27, S. 201–210.
Hattie, John (2009): Visible learning. A synthesis of over 800 meta-analyses relating to achievement. Oxon: Routledge.
Hattie, John (2013): Lernen sichtbar machen. Überarbeitete deutschsprachige Ausgabe von „Visible Learning", besorgt von Wolfgang Beywl und Klaus Zierer. Baltmannsweiler: Schneider Hohengehren.
Helmke, Andreas (2013): Hattie-Bericht. Interview mit Prof. Dr. Andreas Helmke zur Hattie-Studie. In: Lehren & Lernen, 39 (7), S. 8–15.
Herrmann, Ulrich (2010): Schulen zukunftsfähig machen. Bad Heilbrunn: Klinkhardt.
Hodel, Jan/Ziegler, Beatrice (2011): Forschungswerkstatt Geschichtsdidaktik 09. Beiträge zur Tagung „geschichtsdidaktik empirisch 09". Bern: hep.
Kneile-Klenk, Karin (2007): Pauken oder Lernen? Abwechslungsreich Wiederholen und Festigen im Geschichtsunterricht. Schwalbach/Ts.: Wochenschau.
Kölbl, Carlos (2004): Geschichtsbewußtsein im Jugendalter. Grundzüge einer Entwicklungspsychologie historischer Sinnbildung. Bielefeld: Transcript.
Kruppa, Reinhold/Wermes, Hans (1975): Die Ziele und Aufgaben des Geschichtsunterrichts in der sozialistischen Oberschule der DDR. In: Akademie der Pädagogischen Wissenschaften der Deutschen Demokratischen Republik (Hrsg.): Methodik Geschichtsunterricht. Berlin: Volk & Wissen, S. 1–40.
Kübler, Markus u.a. (2013): Können Kindergartenkinder historisch denken? Ergebnisse einer Pilotstudie. In: Evelyne Wannack u.a. (Hrsg.): 4- bis 12-Jährige – ihre schulischen und außerschulischen Lern- und Lebenswelten. Münster: Waxmann, S. 225–232.
Marks, Robert B. (2006): The origins of the modern world. A global and ecological narrative. 2. Auflage. Lanahm: Rowman & Littlefield.
Müller, Hans (1972): Zur Effektivität des Geschichtsunterrichts. Schülerverhalten und allgemeiner Lernerfolg durch Gruppenunterricht. Stuttgart: Klett.
Popp, Susanne u.a. (Hrsg.) (2013): Zur Professionalisierung von Geschichtslehrerinnen und Geschichtslehrern. Nationale und internationale Perspektiven. Beihefte zur Zeitschrift für Geschichtsdidaktik, 5. Göttingen: V & R unipress.
Rüsen, Jörn (2013): Historik. Theorie der Geschichtswissenschaft. Köln u.a.: Böhlau.
Sauer, Michael u.a. (Hrsg.) (in Vorb.): Geschichte lernen in biographischer Perspektive. Nachhaltigkeit – Entwicklung – Generationendifferenz. Beihefte zur Zeitschrift für Geschichtsdidaktik, 7. Göttingen: V & R unipress.
von Schlözer, August Ludwig (1779/2011): Vorbereitung zur WeltGeschichte für Kinder. Ein Buch für Kinderlehrer. Hrsg. von Marko Demantowsky und Susanne Popp. Göttingen: Vandenhoeck & Ruprecht (zuerst 1779).

Schönemann, Bernd (2003): Geschichtsdidaktik, Geschichtskultur, Geschichtswissenschaft. In: Hilke Günther-Arndt (Hrsg.): Geschichts-Didaktik. Praxishandbuch für die Sekundarstufe I und II. Berlin: Cornelsen, S. 11–22.

Schroeder, Klaus (2012): Später Sieg der Diktaturen? Zeitgeschichtliche Kenntnisse und Urteile von Jugendlichen. Frankfurt/M.: Peter Lang.

Seidenfuss, Manfred (Hrsg.) (in Vorb.): Forschungsfeld Geschichtslehrkräfte (Themenschwerpunkt). Zeitschrift für Geschichtsdidaktik, 13.

Shemilt, Denis (2000): The Caliph's Coin. The currency of narrative frameworks in history teaching. In: Stearns, Peter N. u.a. (Hrsg.): Knowing, teaching & learning history. National and international perspectives. New York: University Press, S. 83–101.

Sodian, Beate (1995): Entwicklung bereichsspezifischen Wissens. In: Rolf Oerter/Leo Montada (Hrsg.): Entwicklungspsychologie. Weinheim: Beltz, S. 622–653.

Sperisen, Vera/Schär, Bernhard (2013): Akteure versus Strukturen zum Spannungsverhältnis zwischen Lehrbuch- und Lehrpersonenkonzepten im Geschichtsunterricht. In: Susanne Popp u.a. (Hrsg.): Zur Professionalisierung von Geschichtslehrerinnen und Geschichtslehrern. Nationale und internationale Perspektiven. Göttingen: V & R unipress, S. 187–202.

Steffens, Ulrich/Höfer, Dieter (2012). Die Hattie-Studie. Hintergrundartikel. Wiesbaden, Institut für Qualitätsentwicklung. http://www.sqa.at/course/view.php?id=36 (Zugriff: 09.11.2013).

Terhart, Ewald (2011): Hat John Hattie tatsächlich den Heiligen Gral der Schul- und Unterrichtsforschung gefunden? Eine Auseinandersetzung mit Visible Learning. In: Edwin Keiner u.a. (Hrsg.): Metamorphosen der Bildung. Historie – Empirie – Theorie. Festschrift für Heinz-Elmar Tenorth. Bad Heilbrunn: Klinkhardt, S. 277–292.

Wilschut, Arie (2009): Ein Referenzrahmen für den Unterricht im Fach Geschichte. In: Geschichte in Wissenschaft und Unterricht, 60, S. 629–645.

Wineburg, Sam (2001a): Historical thinking and other unnatural acts. In: ders.: Historical thinking and other unnatural acts. Charting the future of the past. Philadelphia: Temple University Press, S. 3–27.

Wineburg, Sam (2001b): The psychology of teaching and learning history. In: ders.: Historical Thinking and Other Unnatural Acts. Charting the Future of the Past. Philadelphia: Temple University Press, S. 28–60.

Hilbert Meyer

Auf den Unterricht kommt es an!

Hatties Daten deuten lernen[1]

Die Ausgangsfrage lautet: Was sind die Gründe für den Hattie-Hype im deutschsprachigen Raum? Die Hauptthese lautet: Die Formel „Auf den Lehrer/die Lehrerin kommt es an“ greift viel zu kurz. Wer Konsequenzen aus Hatties Daten ziehen will, muss einen eigenen didaktischen Begründungszusammenhang aufbauen, für den der „pragmatische Reformpädagoge“ Hattie Hinweise liefert, die aber systematisiert und bildungstheoretisch verortet werden müssen.

In seinem Buch *Visible Learning for Teachers* kommt John Hattie zu der nicht überraschenden, nun aber als „Weltbotschaft“ empirisch abgesicherten Erkenntnis, dass es – abgesehen von den Lernenden selbst – vor allem auf die Lehrpersonen ankommt, wenn man nach Gründen für die Lernerfolge und -misserfolge der Schülerinnen und Schüler sucht. Hattie bringt diese Botschaft auf eine einprägsame, leicht antiquiert klingende Kurzformel (Hattie 2012, S. IX): „Know thy impact!“ (Wisse, was du selbst bewirken kannst!). Der Satz gilt für beide Seiten: „Wisse als Schüler, was du bewirken kannst!“ Und: „Wisse als Lehrperson, wie du auf deine Schüler wirkst!“

Die in Deutschland populäre Formel „Auf den Lehrer/die Lehrerin kommt es an“ greift mithin zu kurz: Auf den Unterricht kommt es an! Das ist eine triviale Feststellung, wäre da nicht Hatties Mammutwerk, das diese These zu spezifizieren erlaubt. Hattie fordert mit viel Pathos einen reflexionsförderlichen Unterricht, der durch lernförderlichen Lehrer-Optimismus, durch ein gerüttelt Maß an Metaunterricht, durch Feedbackkultur und gegenseitiges Helfen gekennzeichnet ist – und das ist alles andere als die Aufforderung, zum altvertrauten Frontalunterricht zurückzukehren.

1 Bei diesem Aufsatz handelt es sich um die gekürzte und überarbeitete Fassung eines Vortrags auf der Fachtagung des Bundesarbeitskreises der Seminarleiter/-innen Niedersachsen an der Universität Oldenburg im März 2013.

Oberflächlich betrachtet, ist John Hattie ein um strikte Wertneutralität seiner Analysen bemühter Positivist. Seinen Vortrag an der Universität Oldenburg eröffnete er mit dem Satz „I like to count". Wohl wahr – mehr als 20 Jahre seines Berufslebens hat er mit diesem Projekt zugebracht; und es geht munter weiter (siehe den Beitrag Beywl/Zierer in diesem Band). Aber der Schein trügt. Auch Hattie konnte sein Buch nicht schreiben, ohne auf eine normative Orientierung zurückzugreifen, die sich mit aktuellen und auch schon älteren Didaktik-Entwicklungen in Europa deckt. In meinen Augen ist er ein *pragmatisch orientierter Reformpädagoge,* dessen Stärke darin besteht, dass er das, was er normativ einklagt, empirisch absichern kann, und dessen Schwäche darin besteht, dass sein bildungstheoretischer Überbau nur angedeutet wird.[2]

Der Hattie-Hype

Hatties Studien dürften noch für mehrere Jahre die Diskussion der deutschsprachigen Unterrichtsforscher und auch der Schulpolitiker und Unterrichtsentwickler stark beeinflussen. Man kann in Österreich, in der Schweiz und in Deutschland – anders als in den USA oder in China – von einem regelrechten Hattie-Hype sprechen. Wie lässt sich der Hype erklären? Ich vermute folgende Gründe:

- *Komplexitätsreduktion:* Hattie hilft pädagogisch engagierten Lehrpersonen, Forschenden und Schulentwicklerinnen und -entwicklern, die vom Einzelnen beim besten Willen nicht mehr zu überblickende Flut an wissenschaftlichen Detailinformationen zur Schul- und Unterrichtsqualität zu ordnen und auf Kernbotschaften zu reduzieren.
- *Sehnsucht nach einfachen Antworten:* Hattie liefert einfache Antworten auf komplizierte Fragen. Das macht ihn für die Medien interessant. Aber das macht das Hantieren mit seinen Daten auch gefährlich. Es verführt dazu, aus den von Hattie ermittelten Korrelationen zwischen Unterrichtsvariablen und Lernerfolg vermeintlich gut bestätigte Kausalhypothesen zu machen; und es verleitet dazu, einzelne

2 Zum Beispiel in den 6 Wegweisern aus Hattie (2013, S. 280 f.) und in den 8 *mind frames* aus Hattie (2012, S. 159–166).

Lernergebnisse als monokausal verursacht zu deuten – auch wenn Hattie immer wieder anmerkt, dass dies unzulässig sei.

- *Emotionale Bestärkung:* Hattie vermittelt jedem, der die deutschsprachigen Kurz- und Kürzestdarstellungen liest, ein gutes Gefühl. Er liefert empirische Evidenz, dass dasjenige, was die Leserinnen und Leser selbst für wichtig halten, tatsächlich wichtig ist.
- *Handlungsorientierung:* Hattie liefert all jenen, die bestimmte Bausteine guten Unterrichts im eigenen Unterricht stark machen wollen, handfeste Anregungen und Argumentationshilfen, auch wenn einige Rezensenten (Brügelmann, Hartmann) sagen, dass dies gar nicht zulässig sei.
- *Aufbau von Drohkulissen:* Man kann Hatties Ergebnisse nutzen, um andere unter Druck zu setzen. Das passiert auch, zum Beispiel dann, wenn Schulleitungen ihre Kollegien mit Hinweis auf Hatties „konservative“ Forschungsergebnisse von didaktisch-methodischen Experimenten abzuhalten versuchen.

Hattie selbst warnt vor der Überinterpretation seiner Daten und erinnert daran, dass es sich nur um „grobe Abschätzungen“ handle, die keine Rezepte darstellten (2013, S. 4). Auf der anderen Seite macht er selbst an zahlreichen Stellen seiner zwei Bücher wagemutige Generalisierungen und hat auch keine Hemmungen, seine Gesamtbotschaft als „Rezept für das Lehren und Lernen“ zu bezeichnen (2013, S. 31).[3] Generell kann festgestellt werden: Hattie ist großzügig, was den Übergang von der empirischen Analyse zur Praxeologie angeht. Die damit verbundenen methodologischen Probleme werden von ihm nicht reflektiert.

Man kann darüber streiten, ob die gelieferten Durchschnittswerte überhaupt von Interesse für die konkrete Unterrichtsentwicklung sind. Manche Autoren sagen: Viel wichtiger als die Ermittlung durchschnittlicher Effekte ist die Frage nach den Spitzen und nach den tiefen Tälern, weil diese die Entwicklungsspielräume markieren. Ich sage: Beides kann – richtig gedeutet – interessant werden:

Bildungspolitiker wird interessieren, ob ihre Programmatik empirisch abzusichern und flächendeckend umzusetzen ist. Dafür liefern statistische Durchschnittswerte kluge Orientierungsrahmen.

Den einzelnen Lehrer wird interessieren, ob das, was er sich für seine Klasse vorgenommen hat, auch die Anstrengung lohnt. Dafür liefert Hattie

3 Im Original schreibt Hattie (2009, S. 26) „recipe“, was von Beywl/Zierer großzügig mit „Kern des Modells“ übersetzt wird.

in jeder Einzelfrage nicht mehr als eine statistisch aggregierte Hypothese. Ob sie im Einzelfall zutrifft oder nicht, lässt sich nur vor Ort klären.

Aber eins ist allemal klar: Niemand kann uns zwingen, uns am weltweiten Durchschnitt zu orientieren. Man kann Hatties Daten auch nutzen um selbstbewusst zu sagen: „Seht her – ich bin besser als der Durchschnitt!"

Schlacht um die Deutungshoheit

Die Schlacht um die angemessene Deutung der Hattie-Befunde ist bei uns vor zwei, drei Jahren eröffnet worden, und sie geht munter weiter. Dabei fällt auf, dass Hatties Hauptveröffentlichung nicht nur von Schulpraktikern und Politikern, sondern auch von Wissenschaftlern selektiv rezipiert wird. Deshalb hat Hans-Günter Rolff (2013) seinem Aufsatz über Hattie auch den Untertitel „Ein Rohrschach-Test" gegeben:

- Der Kölner Studienrat und Buchautor Michael Felten (2010) und viele Journalisten[4] meinen, aus Hatties Daten herauslesen zu können, dass der traditionelle Frontalunterricht besser als die offenen Unterrichtsformen sei. Das ist eine grandiose Fehlinterpretation.
- Heinz Klippert (2013, S. 203) freut sich, dass Hattie just das als effektstark hervorgehoben habe, was er seit jeher gefordert hat: die Arbeit mit Lernspiralen und mit kooperativen Lernverfahren.
- Der an der COACTIV-Studie (Kunter u.a. 2011) beteiligte Kieler Unterrichtsforscher Olaf Köller sagt: „Die in unserer Studie benannten drei Grunddimensionen von Unterrichtsqualität (klare Strukturierung, kognitive Aktivierung und Förderung) sind durch Hattie eindrucksvoll bestätigt!" Das ist ein akzeptables Urteil, aber diese Übereinstimmung rührt m.E. vor allem daher, dass die drei Grunddimensionen von COACTIV so abstrakt formuliert sind, dass sie fast alles abdecken, was beim Unterrichten als gut und schön gelten kann.
- Peter Posch, weit bekannter Schulentwicklungsforscher aus Klagenfurt, erklärte 2011 in einem Vortrag vor der europäischen Aktionsforscher-Gemeinde in Wien: „Die entscheidende Botschaft von John Hattie lautet: Schüler-Feedback ist wichtig." – Richtig!

4 Vgl. *Die Zeit*, 03.01.2013; FAZ 15.03.2013; *Der Spiegel*, Heft 16, April 2013.

- Und ich sage: Die entscheidende Botschaft besteht in der Bekräftigung meines seit dreißig Jahren verfochtenen Slogans „Mischwald ist besser als Monokultur“ (siehe unten).

Wer hat Recht? Meines Erachtens alle und keiner zugleich! Und zwar aus zwei Gründen: *Erstens:* Man darf aus empirischen Analysen nicht 1 zu 1 ableiten, was sein soll. Normative Orientierungen für guten Unterricht sind nur durch eine normative (in der Regel bildungstheoretische) Argumentationsfigur zu begründen. *Zweitens:* Hattie ist ein Sammler und kein Didaktiker. Er hat einen riesigen Steinbruch mit inzwischen über 150 Einzelvariablen vorgelegt und hin und wieder daraus eine theoretisch nicht weiter begründete didaktische Maxime abgeleitet.

Die Schelte der Rezensenten

Es verwundert nicht, dass inzwischen von einer ganzen Reihe von Rezensentinnen und Rezensenten Kritik an der Methodologie der Studie geübt worden ist:

- John Hattie hat nur englischsprachige Literatur erfasst. Dem ist so, aber deutschsprachige, skandinavische und sonstige Forschungsergebnisse, die in englischer Übersetzung vorliegen, sind natürlich einbezogen worden.
- Es wurden nur quantitative Studien erfasst. Qualitative Studien blieben unberücksichtigt. Das ist ein echtes, angesichts von Hatties Zahlen-Fixiertheit kaum zu behebendes Defizit.
- Sehr oft ist die Datenbasis für die 150 Variablen erfreulich breit. Sie umfasst dann Hunderte von Einzelstudien (siehe Beywl/Zierer in diesem Band). Zum Teil ist die Datenbasis aber auch sehr schmal (zum Beispiel bei dem Barometer zur Kleingruppen-Arbeit).
- Die Datenbasis ist zum Teil veraltet. Die Mehrzahl der Studien kommt aus den 80er und 90er Jahren. Aber Hatties Team arbeitet weiter. Dieses Manko dürfte also in Kürze behoben sein (siehe Beywl/Zierer in diesem Band).
- Die meisten Studien haben kognitive Lernfortschritte erforscht. Das emotionale und das soziale Lernen sind marginalisiert worden. Auch zu so wichtigen Fragen wie „Demokratie-Lernen“ findet man wenig bis nichts.

- Hattie muss für die Durchführung seiner Analysen unterstellen, dass die in einem Variablen-Block erfassten Einzelstudien unter vergleichbaren schulischen Rahmenbedingungen durchgeführt wurden. Das dürfte aber nicht immer der Fall gewesen sein (vgl. Hartmann 2012, S. 12).

Ich selbst bin kein Statistiker und muss mich bei endgültigen Urteilen bedeckt halten. Ich traue aber dem Urteil versierter Kolleginnen und Kollegen, die bestätigen, dass kein Anlass für eine methodologische Fundamentalkritik besteht: Die Standards der Statistik sind in Hatties Studie eingehalten worden! Und für Forschungsdefizite der 900 Metaanalysen und für merkwürdige Einzelergebnisse darf man nicht Herrn Hattie verantwortlich machen. Er selbst (2013, S. 13) zitiert den Eysenck-Effekt: Wenn man Müll in eine Metaanalyse einfüllt, kann auch nur Müll bei der Synthese herauskommen. Da hätte Hattie in *Visible Learning* ruhig etwas auskunftsfreudiger bei der Frage sein können, ob einzelne Metaanalysen wegen methodologischer Schwächen nicht einbezogen worden sind. Aber er verweist im Vorwort zu Recht darauf, dass er dies in vielen anderen seiner Veröffentlichungen getan hat.

Die beste Antwort, um der methodologischen Kritik an Hattie zu begegnen, bestünde m. E. darin, eine eigene „Hattie-Studie" für den deutschsprachigen Raum herzustellen. Ich vermute, dass dann die Hauptbotschaft („Know thy impact") auch bei uns bestätigt werden wird.[5] Leider gibt es aber im deutschsprachigen Raum bisher nur wenige solcher Metaanalysen. Deshalb wird der Wunsch nach einer deutsch-schweiz-österreichischen „Hattie-Studie" wohl erst in 5 oder 10 Jahren erfüllt werden können.

John Hattie richtig lesen und interpretieren

Die in den deutschen Medien geführten Debatten über Hatties Forschungsergebnisse leiden, wie in mehreren Beiträgen dieses Bandes betont wird, darunter, dass einzelne Daten herausgepickt und absolut gesetzt werden. Das führt zu Fehlinterpretationen. Deshalb ist es unverzichtbar, die Einzelbefunde von Hattie wieder in ihren Forschungskontext einzubetten. Das ist

5 Andere Variablen könnten weniger Bestätigung erhalten. So hat Hattie selbst im Oldenburger Vortrag angemerkt, dass die niedrigen Werte für „Schulstruktur" im deutschsprachigen Raum nach oben korrigiert werden dürften. Das Gleiche vermute ich für die bei Hattie mehr als bescheidenen Durchschnittswerte für die Effekte der Lehrerbildung. Die Metaanalyse von Seidel und Shavelson (2007) legt nahe, dass bei uns – mit der weltweit längsten Lehrerausbildung – die Effektstärken größer sind.

mühsam – und das geht nur, wenn man tiefer in sein Buch einsteigt. Zwei Beispiele für unangemessene und für angemessene Deutungen einzelner Variablen, die John Hattie bei seinem Vortrag an der Universität Oldenburg am 17. April 2013 selbst angesprochen hat:

- *Variable „Geschlechter-Unterschiede:“* Auf die Frage, ob die Unterschiede zwischen Jungen und Mädchen beim Lernen erheblich sind, antwortete Hattie: „Rubbish! – Die empirisch nachgewiesenen Unterschiede sind minimal. Aber wenn ich mir nur die Gruppe der Jungen anschaue, dann sind die Unterschiede riesig! Und wenn ich mir die Unterschiede bei den Mädchen anschaue, ebenfalls!“
- *Variable „Klassengröße“:* Hatties Befunde besagen: „Kleine Klassen bringen keinen größeren Lernerfolg!“ Im Vortrag sagte Hattie, dass dieses Einzelergebnis aus seinen Metaanalysen immer wieder zum Anlass für heftige Attacken auf seine Studie genommen werde. Hatties Antwort: „Die Befunde sind aber leider so. Es gibt keine nennenswerte Verbesserung der Lernleistungen, wenn die Klassenstärke von 25 auf 15 Schüler reduziert wird. Und wir haben auch Indizien, woran das liegen könnte: Die Lehrer, die jahrzehntelang in großen Klassen unterrichtet haben, nutzen das Potenzial nicht, das die Arbeit in kleinen Klassen bringt. Wir haben sogar eine Studie, die zeigt, dass Lehrer in kleinen Klassen noch mehr reden als in großen Klassen!“ Daraus zu folgern, der Kampf um kleine Klassen sei überflüssig, ist wiederum ein argumentativer Kurzschluss!

Was lehren die Hattie-Antworten über den klugen Umgang mit seinen Daten? Sie rufen in Erinnerung, was jedem empirischen Unterrichtsforscher bekannt ist. Hatties Studien erheben nur den Ist-Stand. *Sie analysieren nicht, welches Potenzial in einer didaktischen Maßnahme steckt!* Deshalb ist es grundsätzlich verkehrt, aus einem niedrigen Effektstärken-Wert zu folgern, dass es sich nicht lohnt, sich weiter darum zu kümmern. Das Gegenteil könnte richtig sein. Dazu ein drittes Beispiel:

- *Variable „Jahrgangsgemischter Unterricht“:* Der auf schmaler Datenbasis nachgewiesene Einfluss auf hohen Lernerfolg ist mehr als bescheiden ($d = 0.04$). Das hat viele Verfechterinnen und Verfechter dieser Idee irritiert. Bei genauerem Studium des Hattie-Abschnitts wird sofort die Hauptursache für die mageren Effektstärken deutlich: Die Mehrzahl der jahrgangsgemischt arbeitenden Lehrerinnen und Lehrer hat nicht wirklich gemischt, sondern jahrgangsbezogenen Abteilungsunterricht gemacht. Es gibt aber bei Hattie eine Reihe von Variablen mit hohen Effektstärken, die in einer jahrgangsgemischten Klasse besser als in anderen Klassen realisiert werden können, auch wenn sie in den von Hattie erfassten Schulklassen ganz offensichtlich nicht oder nicht in ausreichendem Maße realisiert wurden, zum Beispiel die Arbeit in Kleingruppen, der Aufbau einer Feedback-Kultur und die Arbeit mit Helfersystemen. – Das macht dann erst den Zugewinn aus, den die Jahrgangsmischung bringen *kann*, aber nicht automatisch bringt. Aus Hatties Daten zu folgern, dass es sich nicht lohne, weiter daran zu arbeiten, ist mithin unzulässig, weil aus dem, was ist, nicht deduziert werden darf, was sein kann. Aber es ist eine Warnung an alle Jahrgangsmischer: Allein die formale Einführung dieser Unterrichtsform bringt noch nichts!

Ich fasse zusammen: Wenn für eine bestimmte Unterrichtsvariable eine hohe Effektstärke nachgewiesen ist, ist offensichtlich das didaktisch-methodische Potenzial, das in dieser Variable steckt, besser ausgeschöpft als bei einer niedrig bewerteten Variable. Das könnte erklären, warum für die Direkte Instruktion, die ja weitgehend aus Frontalunterricht besteht und in den meisten Nationen zentraler Gegenstand der Lehrerausbildung ist, bei Hattie relativ gute Werte ermittelt worden sind.

Oberflächenstrukturen des Unterrichts und Tiefenstrukturen des Lehrens und Lernens

Wie bereits gesagt: Hattie ist ein Sammler, kein Didaktiker. Er hat seine 150 Variablen von Platz 1 bis Platz 150 nach Effektstärken geordnet (Hattie 2012, S. 251–254). Es ist aber viel spannender, Hatties 150 Variablen neu und anders zu sortieren. Ich tue dies, und zwar im Blick auf die bei Hattie erfasste, aber nicht gesondert ausgewiesene Unterscheidung von Oberflächen- und Tiefenstrukturen des Unterrichts. Das tun andere Wissenschaftler genauso (Köller/Möller/Möller 2013), auch wenn die Zuordnungen für mich nicht immer ganz eindeutig zu treffen waren. Dabei fällt auf, dass für die Oberflächen-Variablen durchweg nur geringe Effektstärken nachgewiesen werden konnten.[6]

---

6 Hattie spricht ebenfalls von Oberflächen- und Tiefenstrukturen (2013, S. 32). Aber dabei geht es um ein ganz anderes theoretisches Konstrukt im Anschluss an Bereiters Rezeption der Drei-Welten-Lehre von Popper (siehe Terhart 2011, S. 282).

Direkte Instruktion	***d* = 0.59**
Kooperatives statt konkurrenzorientierten Lernens	***d* = 0.54**
konsequente Klassenführung (classroom management)	*d* = 0.52
Einfluss des Elternhauses (home environment)	*d* = 0.52
Kleingruppenarbeit	*d* = 0.49
leistungshomogene Differenzierung *(ability grouping)*	*d* = 0.30
Effekte der Inklusion für die inkludierten Schüler/Schülerinnen	*d* = 0.28
individualisierender Unterricht	***d* = 0.22**
Klassengröße	*d* = 0.21
Lernen in jahrgangsgemischten Klassen	*d* = 0.04

Tab. 1: Oberflächen-Merkmale erfolgreichen Unterrichts (aus: Hattie 2012, S. 251 – 254)

Die Variablen „Direkte Instruktion“ und „Kooperativer Unterricht“ schneiden leidlich gut ab, der „Individualisierende Unterricht“ überraschend schlecht. In Meyer/Walter-Laager (2012) haben wir diese drei Variablen dennoch als Grundformen des Unterrichts bezeichnet, sie genauer analysiert und die Forderung aufgestellt, in einem längeren Schulentwicklungsprozess Drittelparität zwischen diesen drei Grundformen anzustreben.

Hattie provoziert die Frage: *Wäre es klüger, auf den Ausbau des Individualisierenden Unterrichts zu verzichten?* Mitnichten! Zum einen ist anzumerken, dass speziell der Individualisierende Unterricht bei Hattie anders definiert wird als im deutschen Sprachraum (siehe Beywl/Zierer in diesem Band). Zum anderen gilt: Was bildungstheoretisch als sinnvoll gelten kann, wird durch mangelhafte Realisierungen nicht ungültig! Dass Drittelparität zwischen den Grundformen machbar ist und zu guten Lernergebnissen führen kann, belegen die Evaluationsstudien zu den Vorzeigeschulen Laborschule Bielefeld, Helene-Lange-Schule Wiesbaden, Reformschule Winterhude. Allerdings liefert Hatties Ergebnis einen warnenden Hinweis: Offensichtlich stellt der Individualisierende Unterricht eine dermaßen anspruchsvolle Unterrichtsform da, dass seine flächendeckende Etablierung noch erhebliche Entwicklungsarbeit erforderlich macht.

Was folgt aus Tab. 1? Es bringt nichts, die verschiedenen Grundformen des Unterrichts gegeneinander auszuspielen. Das schreibt Hattie selbst (2013, S. 31 f.). Und deshalb sage ich im Blick auf die Unterrichtsentwicklung an deutschen Schulen: „Mischwald ist besser als Monokultur!“

Viel interessanter als die Hattie-Daten zu den Oberflächenstrukturen sind jedoch die Ergebnisse zu jenen Variablen, die sich eher auf „weiche“, das heißt hoch inferente Faktoren der Unterrichtsgestaltung beziehen. Hier sind die gemessenen Effektstärken insgesamt überraschend hoch, was sich aber mit den Ergebnissen der Lehrerbildungs-Metaanalyse von Seidel/Shavelson (2007) deckt:

Glaubwürdigkeit des Lehrers/der Lehrerin bei den Schülern/Schülerinnen	$d = 0.90$
formative assessment (im Unterrichtsprozess gegebene Rückmeldungen an die Schüler/Schülerinnen)	$d = 0.90$
Schülerdiskussionen im Unterricht	$d = 0.82$
Klarheit und Verständlichkeit der Lehrersprache	$d = 0.75$
Regelmäßiges Schüler-Feedback	$d = 0.75$
Reziprokes Lernen (die Schüler/Schülerinnen helfen sich gegenseitig)	$d = 0.74$
positive Lehrer-Schüler-Beziehung (lernförderliches Klima)	$d = 0.72$
meta-cognitive strategies (Metaunterricht – gemeinsames Nachdenken von Schülern/Schülerinnen und Lehrperson über den Lernprozess)	$d = 0.69$
herausfordernde (an der oberen Kante des Leistungsvermögens angesiedelte) Ziele	$d = 0.56$
Peer-Tutoring (gegenseitiges Helfen der Schüler/Schülerinnen)	$d = 0.55$
Selbstwirksamkeitsüberzeugungen der Schüler/Schülerinnen (*self-concept*)	$d = 0.47$
Erwartungshaltung der Lehrperson	$d = 0.43$

Tab. 2: Tiefenstruktur-Merkmale erfolgreichen Lehrens und Lernens (Hattie 2012, S. 251 – 254)

Tab. 2 zeigt, was die Mehrzahl der Unterrichtsforschenden seit Langem behauptet: Besonders lernförderlich ist ein Unterricht, in dem die Schülerinnen und Schüler ein gutes Klima vorfinden und in dem sie Sicherheiten und ein „Geländer“ für basale ebenso wie für anspruchsvollere Lernaufgaben geboten bekommen.[7] Daraus folgt: Es reicht nicht aus, den oben geforderten „Mischwald“ herzustellen. Der Wald muss gepflegt werden. Erst dann kann eine gelungene Mischung der Grundformen hergestellt werden, die es erlaubt, die je spezifischen Potenziale zu entfalten!

Der Aufbau von Lernhilfen wird in der englischsprachigen Unterrichtsforschung mit dem ursprünglich konstruktivistisch geprägten, heute aber

7 Bei seinem Oldenburger Vortrag machte Hattie dazu eine plausible Anmerkung: „Ich war lange Jahre Mathe- und Musiklehrer. Ich habe festgestellt: Die einzelnen Fächer haben sehr unterschiedliche Inhalte, Aufgaben und Strukturen – aber die Instrumente, die beim Lernen in diesen Fächern helfen, sind sich erstaunlich ähnlich!“

generalisierten Begriff *Lerngerüst* („scaffold“[8]) beschrieben (Dubs 2009). Ich gehe davon aus, dass die Lerngerüste variieren – je nachdem, welche der 3 genannten Grundformen des Unterrichts gerade praktiziert wird:

Lerngerüste für den Individualisierenden Unterricht	**Lerngerüste für die Direkte Instruktion**	**Lerngerüste für den Kooperativen Unterricht**
formative assessment (Rückmeldungen an die Schüler/Schülerinnen während ihrer Arbeit – nicht erst am Schluss)	klare Strukturierung des Unterrichtsprozesses durch die Lehrperson; der rote Faden ist erkennbar	Übungen zur Förderung der *Teamfähigkeit*
Bewusstmachen der von den Schülern/Schülerinnen genutzten *Lernstrategien*	*formative assessment*	Übungen zum Aufbau von *Planungskompetenz*
Arbeit mit *Lernlandkarten* (individuelle, von der Lehrperson begleitete Lernpläne)	*Schülerdiskussionen* – sinnstiftendes Kommunizieren	*Reflexionsphasen*: Wo stehen wir? Wo wollen wir hinkommen?
Peer-Tutoring – Aufbau eines Helfersystems zwischen den Schülern/Schülerinnen	Meta-Unterricht	*Reziprokes Lernen:* Schüler/Schülerinnen übernehmen Lehraufgaben
individualisierte *Förderpläne* auf der Grundlage klarer Lernstandsdiagnosen	*anspruchsvolle Lernziele* (an der oberen Kante des Leistungsvermögens)	*Präsentationen* im Plenum und vor der Schulöffentlichkeit
Portfolioarbeit	differenziert gestellte *Hausaufgaben*	*Portfolioarbeit*

Tab. 3: Lerngerüste für die 3 Grundformen des Unterrichtens

Ich fasse die Konsequenzen aus meiner Hattie-Analyse in drei Punkten zusammen: (1) Direkte Instruktion ist besser als ihr Ruf. (2) Wichtiger als der leidige Streit über die Frage, ob offener Unterricht besser als der herkömmliche lehrerzentrierte Unterricht ist, ist die Frage, welche Lerngerüste in allen Grundformen aufgebaut werden. (3) Besonders lohnend sind jene Lerngerüste, die viel Zeit kosten, aber die Selbstreflexivität der Lernenden stärken: Schülerdiskussionen, Schüler-Feedback und Metaunterricht! Sie führen zu einer Verlangsamung des Lerntempos. Aber das zahlt sich später wieder aus!

Die reformorientierten Lehrpersonen können also zufrieden sein! Alles spricht dafür, dass ein kognitiv aktivierender Unterricht, in dem die Schü-

8 Das Wort ist etymologisch mit dem aus dem Französischen übernommenem Wort *Schafott* verwandt – was zum Anlass für diese oder jene ironische Anmerkung genommen werden könnte.

lerinnen und Schüler selbstbewusste Partnerinnen und Partner der Lehrpersonen sind, hoch erfolgreich sein kann!

Was fehlt?

Hatties Forderung nach mehr Reflexivität beim Lehren und Lernen erinnert an das, was in der englischsprachigen Literatur als besondere Stärke der deutschen Allgemeindidaktik bezeichnet wird: Didaktik als „reflective practice" (Westbury u.a. 2000). Deshalb müsste Hattie in der deutschen Didaktiktradition einen guten theoretischen Überbau zu seinem Unterrichtskonzept finden können. Dann dürfte ihm auch deutlich werden, was aus deutscher Sicht ein Defizit seiner Analysen ist: Es fehlt an einer allgemein- und ebenso an einer fachdidaktischen Rahmung (siehe von Olberg in diesem Band).

Insbesondere die Frage nach der Strukturierung des Unterrichtsinhalts wird stiefmütterlich behandelt. Mit ein wenig „mehr Klafki" hätte Hattie dieses Defizit beheben können. Dann hätte der im „Visible Learning for Teachers" (2012, S. 35ff.) enthaltene und einseitig auf die Zielanalyse fixierte „Leitfaden" zur Vorbereitung, Durchführung und Auswertung von Unterrichtsstunden wohl deutlich anders ausgesehen. Selbst die schlichten Fragen aus Klafkis *Didaktischer Analyse* von 1959 hätten gut in seinen Fragenkatalog hineingepasst: Was ist die Struktur des vorgesehenen Unterrichtsinhalts? Wofür steht er exemplarisch? Hat er für die Schülerinnen und Schüler einen Gegenwarts- und Zukunftsbezug?

Auch das von Ulrich Kattmann und Kollegen entwickelte Modell der Didaktischen Rekonstruktion (Duit u.a. 2012) passt bestens in Hatties Konzept des reflexiven Unterrichts. Denn die Autoren fordern ja genau das, was Hatties Credo ist: Die Lehrpersonen und die Forschenden sollen das Lernen durch die Augen der Schülerinnen und Schüler sehen. Hier könnte Hattie auch studieren, wie man methodisch kontrolliert von empirisch-analytischen Forschungsergebnissen zur Handlungsorientierung kommt: nicht durch Deduktion, sondern durch eine behutsame, aber konstruktiv gewendete Interpretation.

Jeder Versuch, eine Didaktik nur auf Grundlage der Analyse von Unterrichtseffekten zu zimmern, muss scheitern. Das sieht man an den Defiziten von *Visible Learning*. So fehlen Aussagen zur Demokratieerziehung und zur theoretischen Klärung des Lehrer-Schüler-Verhältnisses.

Was tun?

Die folgenden vier Ratschläge folgen alle der von Hattie formulierten Maxime: „Know thy impact!" Aber sie bleiben nicht bei Hattie stehen, sondern beziehen sich auch auf Befunde der aktuellen deutschsprachigen Professionalisierungsforschung.

Lernen, das Lernen der Schülerinnen und Schüler zu verstehen

Gute Lehrpersonen, so Hattie, verstehen es, das Lernen der Schülerinnen und Schüler aus der Perspektive derselben zu betrachten und dann mit den fachlichen und überfachlichen Aufgaben zu verknüpfen. Aber wie macht man das? Vier Ratschläge, die leider allesamt mit Arbeit verbunden sind:

- *Genau beobachten:* Sie müssen Ihre Schülerinnen und Schüler bei der Arbeit genau beobachten. Das geht kaum während der Direkten Instruktion. Das geht sehr gut im Individualisierten und im Kooperativen Unterricht.
- Gezielt kurze Phasen mit *Metaunterricht* einbauen: Schülerdiskussionen, Reflexionsgespräche, Bewusstmachen real eingesetzter Lernstrategien usw.
- *Feedback einholen und zurückgeben:* Sie sollten regelmäßig und nicht nur hin und wieder Feedback von den Schülerinnen und Schülern einholen. Dann können Sie auch gut Feedback zurückgeben – am besten während des Unterrichtsprozesses und nicht erst am Ende.
- *Allgemein- und Fachdidaktiken studieren:* Es tut mir leid wegen der vielen Arbeit, aber anders geht es nicht: Sie sollten sich in jedem Ihrer Fächer auf dem Laufenden halten und neue Bücher lesen, in denen vorgeführt wird, wie man das Lernen der Schülerinnen und Schüler verstehen kann.

Den eigenen Unterricht erforschen

John Hattie sagte bei seinem Oldenburger Vortrag: „A good teacher is an evaluator of his own impact." Aber wie macht man das? Die Lösung kann nicht darin bestehen, Hatties 150 Variablen auswendig zu lernen und dann auf die eigene Planung anzuwenden. Vielmehr kommt es darauf an, selbst ans Theoretisieren zu gehen, also die persönlichen Theorien in Kenntnis wissenschaftlicher Erklärungsansätze in einer Aktions-Reflexions-Spirale zu überprüfen.

Es gibt interessante Vorstellungen zur Umsetzung dieser Idee für die heutige Zeit, zum Beispiel den von Herbert Altrichter und Peter Posch (2007) im Rückgriff auf Lawrence Stenhouse und John Elliott entwickelten Ansatz der Lehrer-Aktionsforschung. An der Universität Oldenburg entwickeln wir seit 18 Jahren die „Oldenburger Teamforschung", in der Studierende und praktizierende Lehrerinnen und Lehrer gemeinsam drängende Alltagsprobleme der Schule in kleinen Teams erforschen und nach Lösungen suchen (vgl. Fichten/Meyer 2009). Gemeinsam ist diesen Lösungsversuchen, dass „Strukturorte der Reflexivität" in die Lehrerbildung integriert werden (Feindt 2007).

Die persönliche Theorie guten Unterrichts weiterentwickeln

Wer seinen Unterricht regelmäßig evaluiert, arbeitet zugleich an seiner „persönlichen Theorie guten Unterrichts" (Meyer 2007, S. 82 f.). Sie ist ein Bestandteil des Lehrerwissens, das seit Jahrzehnten unter dem Fachbegriff „teacher beliefs" erforscht wird (vgl. Reusser u.a. 2011; Fives/Buehl 2012). Persönliche Theorien steuern die Wahrnehmung des Unterrichts und auch die im Prozess getroffenen Entscheidungen viel stärker als Theoretiker-Theorien. Das ist kein Malheur, sondern funktional.

Das sieht auch Hattie so. Er ermuntert die Kollegen, die selbst gemachten Erfahrungen kritisch zu reflektieren und dann zu schauen, „how their own theories can be modified or enhanced […] as the starting point for having theories (not the endpoint)" (Hattie 2012, S. 181; siehe von Olberg in diesem Band). Hattie schätzt das Erfahrungswissen der Lehrpersonen und er hält eine schlichte *Top-down*-Nutzung des durch *Visible Learning* bereitgestellten Wissens für unangebracht.

Sich selbst Entwicklungsaufgaben setzen

Begibt man sich – mit oder ohne Hattie – in die von Donald Schön geforderte Aktions-Reflexionsspirale, so ist es naheliegend, sich selbst Entwicklungsaufgaben zu setzen. Das ist auch die Kernidee der von Herwig Blankertz angestoßenen, dann aber insbesondere an der Uni Hamburg weiterentwickelten Bildungsgangdidaktik (Hericks 2006). Wer sich selbst Entwicklungsaufgaben setzt, arbeitet an seiner „persönlichen Didaktik". Er macht sich seine eigene Lernbiografie bewusst und kann so das eigene Weiterlernen bewusster steuern und sich dadurch ein Stück weit von seinen Ausbilderinnen und Ausbildern und Vorgesetzten emanzipieren. Bei dieser anspruchsvollen Arbeit können Hatties Berechnungen von Effektstärken wertvolle Hinweise geben – nicht als Glaubenssätze, sondern als Herausforderungen zur Produktion eines eigenständig geprüften professionellen Wissens.

Fazit

Was Schülerinnen und Schülern gut tut, tut auch Lehrenden gut! Sie benötigen Respekt, Anerkennung, verlässliche Rückmeldungen und Spielräume für eigenes Erproben. Deshalb brauchen wir in allen drei Phasen der Lehrerbildung die Chance, selbstreguliert und handlungsorientiert zu lernen. Nur dann können die Kompetenzen entwickelt werden, die für die Bewältigung der Aufgaben erforderlich sind:

- Wer lernen soll, Schülerinnen und Schülern mit liebevollem Respekt zu begegnen, muss in Studium und Referendariat auf Ausbilderinnen und Ausbilder treffen, die dies ebenfalls tun.
- Wer eine demokratische Unterrichtskultur aufbauen soll, muss dies selbst erlebt haben.
- Wer in Studium und Beruf nur Einzelkämpfer erlebt hat, hat es schwer, in der Schule im Team zu arbeiten.

Deshalb formuliere ich eine Forderung, die getrost als Versuch einer Wiederbelebung der vor gut dreißig Jahren an der Universität Oldenburg praktizierten Einphasigen Lehrerbildung gedeutet werden mag: Erste und Zweite Phase gehören viel enger zusammen, als es in den aktuellen halbherzig bleibenden Kooperationsprogrammen diskutiert wird. Wir sollten den Master of Education und das Referendariat zu einer neuen Einheit verschmelzen. Ich sehe nirgendwo in den Verbänden oder Parteien Verbündete für ein solches Vorhaben. Aber man wird ja noch mal träumen dürfen!

Literatur

Altrichter, Herbert/Posch, Peter (2007): Lehrerinnen und Lehrer erforschen ihren Unterricht. 4. Auflage. Bad Heilbrunn: Klinkhardt.

Dubs, Rolf (2009): Lehrerverhalten. Stuttgart: Franz Steiner.

Duit, Reinders/Gropengießer, Harald/Kattmann, Ulrich/Komorek, Michael/Parchmann, Ilka: The model of educational reconstruction. In: Doris Jorde/Justin Dillon (Hrsg.) (2012): Science Education Research and Practice in Europe. Rotterdam: Sense, S. 13–38.

Feindt, Andreas (2007): Studentische Forschung im Lehramtsstudium. Opladen, Farmington Hills: Barbara Budrich.

Felten, Michael (2010): Auf die Lehrer kommt es an! Für eine Rückkehr der Pädagogik in die Schule. Gütersloh: Gütersloher Verlagshaus.

Fichten, Wolfgang/Meyer, Hilbert (2009): Forschendes Lernen in der Lehrerbildung – das Oldenburger Modell. In: Nicole Hollenbach/Klaus-Jürgen Tillmann (Hrsg.): Die Schule forschend verändern. Bad Heilbrunn: Klinkhardt, S. 119–145.

Fives, Helenrose/Buehl, Michelle M. (2012): Spring cleaning for the "messy" construct of teacher beliefs. In: K. R. Harris/S. Graham/T. Urdan (Hrsg.): Educational Psychology Handbook, Bd. 2. American Psychology Association.

Hartmann, Martin (2012): Die Hattie-Studie auf dem Prüfstand. In: journal für schulentwicklung, 16 (3), S. 7–14.

Hattie, John (2009): Visible learning. A synthesis of over 800 meta-analyses relating to achievement. London, New York: Routledge.

Hattie, John (2012): Visible learning for teachers. London, New York: Routledge.

Hattie, John (2013): Lernen sichtbar machen. Deutschsprachige Ausgabe von „Visible Learning" besorgt von Wolfgang Beywl und Klaus Zierer. Baltmannsweiler: Schneider Hohengehren.

Hericks, Uwe (2006): Professionalisierung als Entwicklungsaufgabe. Wiesbaden: VS Verlag für Sozialwissenschaften.

Klippert, Heinz (2013): Unterrichtsentwicklung – aber wie? Weinheim, Basel: Beltz.

Köller, Olaf/Möller, Johanna/Möller, Jens (2013): Was wirkt wirklich? München: Oldenbourg.

Kunter, Mareike/Baumert, Jürgen/Blum, Werner/Klusmann, Uta/Krauss, S./Neubrand, Michael (Hrsg.) (2011): Professionelle Kompetenz von Lehrkräften – Ergebnisse des Forschungsprogramms COACTIV. Münster: Waxmann.

Meyer, Hilbert/Walter-Laager, Catherine (2012): Leitfaden für Lehrende in der Elementarpädagogik. Berlin: Cornelsen.

Meyer, Hilbert (2007): Leitfaden Unterrichtsvorbereitung. Berlin: Cornelsen Scriptor.

Reusser, Kurt/Pauli, Christine/Elmer, Anneliese (2011): Berufsbezogene Überzeugungen von Lehrerinnen und Lehrern. In: Ewald Terhart/Hedda Bennewitz/Martin Rothland (Hrsg.): Handbuch der Forschung zum Lehrerberuf. Münster: Waxmann, S. 478–495.

Rolff, Hans-Günter (2013): Die Hattie-Studie. Ein Rohrschach-Test. In: Pädagogik, 65 (4), S. 46–49.

Schön, Donald A. (1983): The reflective practitioner. How professionals think in action. New York: Basic Books.

Seidel, Tina/Shavelson, Richard J. (2007): Teaching effectiveness research in the past decade. In: Review of Educational Research, 77 (4), S. 454–499.

Terhart, Ewald (2011): Hat John Hattie tatsächlich den Heiligen Gral der Schul- und Unterrichtsforschung gefunden? Eine Auseinandersetzung mit Visible Learning. In: E. Keiner u. a. (Hrsg.): Metamorphosen der Bildung. Historie – Empirie – Theorie. Bad Heilbrunn: Klinkhardt, S. 277–292.

Westbury, Ian/Hopmann, Stefan/Riquarts, Kurt (Hrsg.) (2000): Teaching as a reflective practice. The German didaktik tradition. Mahwah/New Jersey: Lawrence Erlbaum.

Hans Anand Pant

Visible Evidence?

Eine methodisch orientierte Auseinandersetzung mit John Hatties Meta-Metaanalysen[1]

Metaanalysen gelten in der evidenzbasierten Medizin als unverzichtbar, um die Wirksamkeit von Therapien und Medikamenten zu belegen. Guter Unterricht ist jedoch nicht das Gleiche wie eine medizinische Therapie. Gelingenden Lehr-Lern-Prozessen liegen ungleich komplexere und unkontrollierbarere Ursachengefüge zugrunde. Daher haben Metaanalysen im Bildungsbereich einen anderen Geltungsanspruch als in der Medizin. Vor diesem Hintergrund werden John Hatties Meta-Metaanalysen zu den Einflussfaktoren schulischen Erfolgs kritisch diskutiert.

Vier Jahre nach dem Erscheinen von John Hatties Buch *Visible Learning* (Hattie 2009) und im Jahr der Veröffentlichung der überarbeiteten deutschsprachigen Fassung (Hattie 2013) geht der Autor auf Deutschland-Tournee, um die Befunde seiner Studien mit Forscherkollegen, aber auch Vertreterinnen und Vertretern aus pädagogischer Praxis, Bildungsverwaltung und Bildungspolitik hierzulande zu diskutieren. Resonanz und Interesse in der Fachwelt (vgl. Terhart 2011 und in diesem Band) und den nichtwissenschaftlichen Medien sind erstaunlich (vgl. http://visible-learning.org/de/category/presseschau/). In diesem Zusammenhang wird auch eine hochspezialisierte statistische Methode wie die *Metaanalyse*, die selbst in der Erziehungswissenschaft und Psychologie in der Regel bestenfalls rudimentär vertraut ist, zum Bestandteil der öffentlichen Debatte. So schreibt Felten (2011) in *Zeit Online* über Hatties Studie: „Was lässt sich nicht alles ‚beweisen', wenn man nur geeignet zählt und auswertet! Metaanalysen dagegen, Studien also, die die Ergebnisse vieler Einzeluntersuchungen bündeln und gewichten, lassen sich nicht ohne Weiteres von der Hand weisen" (S. 7).

---

1 Dieser Beitrag ist die gekürzte und modifizierte Fassung eines Textes, der ursprünglich für einen Tagungsband des Bundesministeriums für Bildung und Forschung mit dem Titel *Bildungsforschung 2020 – Herausforderungen und Perspektiven* (in Vorb.) verfasst wurde.

Metaanalysen wird bei der Rezeption der Hattie-Studie häufig eine besondere Beweiskraft zugesprochen. Wissenschaftlich ausgedrückt sollen Metaanalysen in besonderer Weise geeignet sein, *Evidenz* für die Wirksamkeit von pädagogischen oder bildungspolitischen Maßnahmen herzustellen. Im Zuge neuer Steuerungsvorstellungen im Bildungswesen kommt insgesamt der Erzeugung von empirischer Evidenz auf den verschiedenen Ebenen des Bildungssystems eine immer größer werdende Bedeutung zu (Slavin 2008; Campbell/Levin 2009; Wiseman 2010; Schildkamp u.a. 2012). Soll eine Lehrkraft ihren Unterricht stärker auf individuelle Förderung umstellen, um die Leistungsschwächeren an das Niveau der Lerngruppe heranzuführen? Welche erprobten Ansätze und Programme der Förderung stehen zur Verfügung? Welches Sprachförderkonzept soll eine Landesregierung flächendeckend einführen, um den schulischen Leistungsrückstand von Kindern mit Zuwanderungshintergrund zu reduzieren? Wirkt sich inklusive Beschulung leistungsförderlich bei Kindern mit sonderpädagogischem Förderbedarf aus? Um solche konkreten Fragen beantworten zu können, benötigt man Wissen darüber, *was wirkt* oder funktioniert („What works?", vgl. Slavin 2008; Ruthven 2011).

Der vorliegende Beitrag will zunächst den möglichen Stellenwert von Metaanalysen bei der Gewinnung von Evidenz im Sinne der *What-works*-Frage beleuchten, dabei „untechnisch" auf einige Besonderheiten der Metaanalyse als statistischer Methode eingehen, um schließlich Hatties Studie kritisch unter dem Gesichtspunkt von Qualitätsstandards guten metaanalytischen Vorgehens einzuschätzen. Die wichtige Diskussion der *normativen* Prämissen des Evidenzbegriffs selbst und seiner Anwendung auf die pädagogische Praxis steht hier nicht im Fokus (vgl. dazu die Beiträge von Terhart und von Brügelmann in diesem Band sowie insbesondere Biesta 2011).

Metaanalysen in der Erziehungswissenschaft

In seinem Kommentar „Educational research: the hardest science of all" geht David Berliner (2002) auf die Gründe ein, warum die *What-works*-Frage im Bereich der biomedizinischen Forschung seiner Ansicht nach prinzipiell etwas anderes bedeutet als im erziehungswissenschaftlichen Bereich. Während sich „What works?" in der Medizin auf den strengen Wirksamkeitsnachweis von Therapien und Medikamenten mithilfe von randomisierten Kontrollgruppenvergleichen beziehe, gehe es in der Schul- und Unterrichtsforschung eher darum herauszufinden, welche Konstellationen von Einflussfaktoren unter welchen Rahmenbedingungen die gewünschten Wirkungen begünstigen. Drei Gründe sind nach Berliner (2002) dabei besonders wichtig: (1) die Wirkung multipler Kontexteinflüsse in realen Lehr-Lern-Situationen *(power of contexts)*, (2) die Allgegenwart von Wechselwirkungen *(ubiquity of interactions)* und (3) die geringe „Halbwertszeit" der Befunde empirischer Bildungsforschung.

Unter den ersten beiden Charakteristika versteht Berliner das nach seiner Ansicht unentwirrbare und experimentell unkontrollierbare Mehrebenengefüge von Wirkfaktoren und Interaktionen in institutionellen Lehr-Lern-Kontexten, wie zum Beispiel dem Klassenzimmer. Auf welche *Konstellation* von sozialer und ethnischer Schülerzusammensetzung, Lehrerkompetenz, Schulleitungshandeln, materieller Ausstattung der Schule, administrativem Unterstützungssystem etc. trifft die Implementation einer konkreten Interventionsmaßnahme? Was genau wirkt dann noch bzw. verhindert das Wirksamwerden einer Maßnahme? Die Komplexität des Kontexts und der kontextbezogenen Wechselwirkungen machen es nach Berliner nahezu unmöglich, den Effekt einzelner interessierender Faktoren, zum Beispiel den eines bestimmten Sprachförderprogramms, zu isolieren.

Mit geringer „Halbwertszeit" der Befunde in der Bildungsforschung meint Berliner (2002), dass selbst methodisch gute Studien aus der Bildungsforschung mitunter allein schon aufgrund des raschen Wandels der Rahmenbedingungen veralten. So hat möglicherweise empirische Evidenz zu den Effekten von inklusiver gegenüber nichtinklusiver Beschulung von Kindern mit sonderpädagogischem Förderbedarf auf deren Kompetenzerwerb in fünf Jahren kaum noch Gültigkeit, da sich das Ausmaß und die Konzepte inklusiver Beschulung in naher Zukunft deutlich verändert haben werden.

Akzeptiert man all diese Einschränkungen und Besonderheiten hinsichtlich der Erforschung von „Ursachen" für gelingende Lehr-Lern-Prozesse, dann verschiebt sich auch der Stellenwert, den Metaanalysen in der Bildungsforschung im Unterschied zur bio-medizinischen Forschung besitzen. Zunächst sollen jedoch einige Grundzüge des metaanalytischen Vorgehens kurz dargestellt werden.

Zur Methodik von Metaanalysen

Metaanalyse bezeichnet ein methodisches Verfahren, mit dessen Hilfe empirische Ergebnisse vieler Studien (Primärstudien) zu einer festgelegten Fragestellung in einer quantitativ orientierten Weise zusammengefasst werden (vgl. Beelmann/Bliesener 1994, S. 211). Als zentraler Unterschied von Metaanalysen gegenüber anderen Formen von Literaturübersichten gilt also, dass die Ergebnisse mehrerer Studien nicht nur *inhaltlich* zusammengefasst werden, sondern auch *statistisch*, sodass am Ende eine einzige Maßzahl, die sogenannte *Effektgröße* (auch: Effektstärke, abgekürzt ES) steht; sie stellt eine hohe Verdichtung der vorgefundenen empirischen Evidenz zur Wirksamkeit bzw. Wirkung von Interventionen, Maßnahmen oder Programmen dar. Um diese Maßzahl zu erhalten, müssen zunächst die Ergebnisse aller Primärstudien (zum Beispiel alle Untersuchungen zur Wirksamkeit von Sprachförderprogrammen auf Lesekompetenz), die in der Regel mit ganz unterschiedlichen Messinstrumenten gewonnen wurden, auf eine einheitliche Messskala gebracht werden. Das bekannteste Effektgrößenmaß ist der *d*-Index (Cohen 1988), den auch Hattie in *Visible Learning* verwendet. Der *d*-Index gibt an, wie sehr sich zwei Gruppen, etwa eine Interventionsgruppe, die eine Sprachfördermaßnahme erhalten hat, und eine Kontrollgruppe ohne Fördermaßnahme durchschnittlich in einem interessierenden Merkmal – bei Hattie schulische Leistung – unterscheiden, wenn man gleichzeitig die Bandbreite (Streuung) der auftretenden Leistungswerte berücksichtigt. Der *d*-Index nimmt dann hohe Werte an, wenn der Leistungsunterschied zwischen den beiden betrachteten Gruppen groß ist bei gleichzeitig möglichst geringer Leistungsheterogenität innerhalb jeder der beiden Gruppen. Die von Hattie gesetzte Grenze von $d = 0.4$ als der wünschenswerten Effektgröße für pädagogische Maßnahmen bedeutet, dass die durchschnittliche Leistung in derjenigen Gruppe, die eine Intervention erhalten hat, höher ist als die Leistungen von zwei Dritteln der Teilnehmer aus der Gruppe ohne diese Intervention (Kontroll- oder Vergleichsgruppe).

Bei einer Metaanalyse werden die so gewonnenen *d*-Werte aller Primärstudien anschließend *aggregiert*, das heißt gemittelt. Dabei werden die in den Mittelwert eingehenden Studien in der Regel proportional zum Umfang der Stichprobe gewichtet. Dem liegt die Annahme zugrunde, dass Studien, deren Ergebnis auf vielen Beobachtungen beruht, einen Maßnahmeneffekt genauer erfassen können als Studien mit nur wenigen Teilnehmerinnen und Teilnehmern. Wofür steht nun der über die Einzelstudien gemittelte *d*-Wert? An dieser Stelle des metaanalytischen Prozesses kommt es zu einer wichtigen interpretativen Weichenstellung: Kommen die betrachteten Studien alle mehr oder weniger zum gleichen Ergebnis – ausgedrückt in ähnlichen *d*-Werten –, dann kann der gemittelte *d*-Wert als eine zuverlässige Schätzung für den tatsächlichen Effekt der Maßnahme oder des Programms angesehen werden. Ist hingegen die Varianz in den Werten der Studien substanziell, dann ist es unplausibel und unredlich, den gemittelten *d*-Wert als die „wahre" Effektgröße der Intervention zu interpretieren. In diesem Fall müssen Metaanalysen bestrebt sein, die uneinheitlichen Effekte durch möglicherweise unterschiedliche methodische Vorgehensweisen der Studien, abweichende inhaltliche Definitionen oder Umsetzungen der Maßnahme oder sonstige divergierende Randbedingungen wie Jahr und Ort der Studie, Zusammensetzung der untersuchten Schülerschaft etc. in sogenannten *Moderatorenanalysen* zu erklären. Unter den von Berliner (2002) benannten Komplexitätsstrukturen von Bildungsprozessen sind Metaanalysen in erster Linie dann ein nützliches Instrument, wenn sie durch solche Moderatorenanalysen zur Klärung der *Bedingungen* erfolgreicher Interventionen und Programme in realen Kontexten beitragen. Wie Seidel und Shavelson (2007, S. 485) formulieren: „Instead of estimating and searching for the true effect of teaching on learning, the role of meta-analysis primarily would be to capture context and outcome variation in reporting nuanced findings of teaching effectiveness."

Eine eindeutige Schwachstelle von Metaanalysen, die Forschungsbefunde in multifaktoriellen Ursachengefügen wie Lehr-Lern-Prozessen untersuchen, ist darin zu sehen, dass die Effektgröße *d* in aller Regel nur den Effekt von *einem* Wirkfaktor (zum Beispiel dem Einsatz eines Sprachförderprogramms) auf *eine* Wirkung (zum Beispiel die Lesekompetenz) erfasst. Metaanalysen sehen sich daher häufig gezwungen, hinter den empirischen Differenzierungsgrad methodisch ausgefeilter Primärstudien zurückzugehen, um eine Ergebnisaggregation durchführen zu können. So können die „besten" Veröffentlichungen oft nicht in eine Metaanalyse einbezogen werden, weil sie diese einfachen (bivariaten) Zusammenhänge gar nicht berichten, die zur Berechnung des *d*-Indexes notwendig wären.

Ein Beispiel dafür, wie diese statistisch „erzwungene" Simplifizierung in Metaanalysen zu problematischen, weil verkürzten inhaltlichen Schlussfolgerungen führen kann, sind die Studien zur Wirkung von Hausaufgaben auf Schulleistung. Cooper u.a. (2006) fanden in ihrer sehr aufwendigen Metaanalyse den über viele Studien konsistenten Befund, dass die Menge der Hausaufgaben und die Dauer der Hausaufgabenbeschäftigung signifikant positiv mit Leistungsindikatoren assoziiert waren, wenngleich schwächer im Primar- als im Sekundarbereich. Trautwein u.a. (2009) greifen die Ergebnisse dieser Metaanalyse auf. Sie zeigen in einer längsschnittlichen und spezifisch auf Hausaufgabeneffekte angelegten Mehrebenenanalyse, dass die Effekte von Hausaufgaben je nach Analyseebene unterschiedlich ausfallen bzw. kausal verschieden interpretiert werden müssen. Auf der Klassenebene verschwand beispielsweise der signifikant positive Effekt von Hausaufgabenmenge auf Leistung, wenn als Moderatorvariable die Schulart berücksichtigt wird. Schülerinnen und Schüler im untersten von zwei (bzw. drei) Bildungsgängen (Schweizer Schulsystem) erhielten systematisch weniger Hausaufgaben, sodass sich der Zusammenhang zur Leistung eher auf das Merkmal Schulart als auf die Hausaufgabenmenge an sich zurückführen lässt. Auf der Schülerebene ergab sich ein umgekehrter Zusammenhang zwischen Hausaufgabenzeit und nachfolgender Leistung, wenn das zuvor bestehende Leistungsniveau in die Analyse einbezogen wurde. Schwächere Schüler benötigten mehr Zeit für ihre Hausaufgaben und erzielten dennoch geringere Zugewinne. Diese und andere Differenzierungen unterstreichen die Notwendigkeit, Befunde aus Metaanalysen mit denen aus methodisch anspruchsvollen Einzelstudien abzugleichen, um kausale Fehlschlüsse zu vermeiden (vgl. auch *Best Evidence Synthesis*, Slavin 2008).

Im Folgenden werden nach einer kurzen Übersicht über Hatties Ansatz bei *Visible Learning* einige methodische Vorbehalte gegenüber seiner Praxis der metaanalytischen Befundintegration dargelegt.

Die Meta-Metaanalyse von John Hattie

Vor dem Hintergrund der hier interessierenden Frage, welchen Stellenwert quantitative Forschungsbefundsynthesen für die Evidenzerzeugung im Bildungsbereich haben, erscheint es zunächst sinnvoll, den Aspekt des *strategischen* Stellenwerts von Hatties Analysen vom *methodischen* zu trennen. Der strategische Nutzen erscheint auf den ersten Blick unbestreitbar: *Visible Learning* hat im internationalen Maßstab als „Weckruf" für eine Evidenzdebatte im Bildungsbereich funktioniert und damit eines von Hatties

Hauptzielen erreicht, die Fragen nach Wirksamkeit, Wirkung und Effizienz von Bildungsmaßnahmen zu Schlüsselfragen zu machen: „[W]e spend millions, if not trillions, of dollars investing in innovations, changes, and policies in education without a lot of evidence that this investment is making a difference to student outcomes" (Hattie 2009, S. 255).

Die schnelle und breite Rezeption von Hatties Befundsynthese ist sicherlich zum einen dem Respekt vor der schieren Masse an wissenschaftlich fundierter Information geschuldet, die in seiner Studie verdichtet wird; zum anderen dürften dazu aber auch folgende Faktoren beigetragen haben: (1) eine explizite theoretische Konzeption von „gutem", leistungswirksamem Unterricht; (2) eine eingängige, für alle Teilanalysen einheitliche grafische Darstellungsform und Bewertung der Befunde mithilfe eines von ihm so bezeichneten *„Einflussbarometers"* (siehe unten, Abb. 1) und (3) die Präsentation aller 138 potenziellen Wirkfaktoren in Form von Rankings gemäß der durchschnittlichen Effektstärke.[2]

Hatties theoretischer Ansatz des „visible teaching – visible learning" geht – stark verkürzt – davon aus, dass Lehr-Lern-Prozesse dann erfolgreich verlaufen, wenn zwischen Lehrkräften und Lernenden eine *reziproke Perspektivübernahme* gelingt: Lehrkräfte müssen die jeweils anstehenden Lernprozesse mit den Augen ihrer Schülerinnen und Schüler sehen können, und Schülerinnen und Schüler müssen die Verantwortung für das eigene Lernen erkennen und dadurch temporär zu ihren eigenen Lehrerinnen und Lehrern werden (Hattie 2009, S. 238). Für beide Prozesse sei Feedback ein entscheidender Faktor. Diese Grundfigur dient Hattie als Folie, um die Masse an Meta-Metaanalyse-Befunden zu ordnen und zu interpretieren. Am Ende stehen zwei Kontrastierungen von Wirkfaktorengruppen, zum einen zweier unterschiedlicher Lehrerverhaltensweisen (nicht notwendig Lehrertypen!) und zum anderen von unterrichtsnahen Merkmalen vs. äußeren Bedingungen des Lehr-Lern-Kontexts. Demzufolge sind Lehrkräfte empirisch deutlich lernwirksamer, wenn sie eine aktivierende, direkt involvierende und involvierte Rolle einnehmen (*teacher as activator*) anstatt sich primär als Lernbegleiter bzw. „Anbieter" von Lerngelegenheiten *(teacher as faci-*

2 In der 2012 erschienenen Fassung der Studie für Lehrpersonen (Hattie 2012) wurden weitere Studien aufgenommen, sodass 150 Faktoren betrachtet werden und sich im Einzelfall die *d*-Werte und Rangplätze einzelner Faktoren leicht gegenüber der ersten Fassung verändert haben.

litator) zu verhalten (vgl. Tab. 1)[3]. Die zweite Kontrastierung belegt nach Hatties (2009, S. 244) Interpretation, dass Merkmale „guten" Unterrichts wesentlich entscheidender für den Lernerfolg sind als äußere Struktur- und Organisationsmerkmale, wie zum Beispiel reduzierte Klassengröße, jahrgangsübergreifendes Lernen oder externe Differenzierung.

Lehrperson als Herausforderer *(activator)*	***d***
Reziprokes Lehren	0.74
Feedback	0.72
Lautes Denken, Selbstverbalisierung	0.67
metakognitive Strategien	0.67
Direkte Instruktion	0.59
Mastery Learning	0.57
herausfordernde Ziele	0.56
Taktung von Leistungstests	0.46
Verhaltensziele	0.41
durchschnittliche Effektstärke	**0.60**

Lehrperson als Erleichterer *(facilitator)*	***d***
Simulationen und Spiele	0.32
Forschendes Lernen	0.31
Reduktion der Klassengröße	0.21
Individualisierung	0.20
problemorientierter Unterricht	0.15
getrenntgeschlechtlicher Unterricht	0.12
Netzbasiertes Lernen	0.09
ganzheitliches Lesenlernen	0.06
induktiver Unterricht	0.06
durchschnittliche Effektstärke	**0.17**

Tab. 1: Unterschiedliche Lehrerverhaltensweisen (aktivierend vs. lernbegleitend) in ihrer Wirksamkeit auf Lernerfolge (übersetzt aus Hattie 2009, S. 243)

Diese beiden Gegenüberstellungen wirksamer und weniger wirksamer Faktoren stehen ganz am Schluss von Hatties (2009) Buch. Zuvor wird für jeden einzelnen der betrachteten Faktoren ein „Einflussbarometer" präsentiert (vgl. Abb. 1). In dieser Darstellung mittelt Hattie jeweils die durchschnittlichen Effektstärken d aus mehreren publizierten Metaanalysen, bildet also den Durchschnitt von Durchschnittsangaben. Dieser zweifach aggregierte d-Wert wird dann im Barometer visuell in einer von vier inhaltlich beschriebenen „Zonen" lokalisiert. Die für Hattie wichtigste „Zonengrenze" liegt bei $d = 0.4$, dem Durchschnittswert der Effektgrößen aller mehr als 800 Metaanalysen seiner Synthese. Oberhalb dieser *benchmark* liegen, so Hattie (2009, S. 18), die Effekte von pädagogischen Maßnahmen und

3 Interessanterweise gibt Hattie an dieser Stelle (2009, S. 243) $d = 0.06$ als mittlere Effektstärke für „Induktives Unterrichten" an. Im Text weiter vorne (S. 208) weist das entsprechende Einflussbarometer hingegen $d = 0.33$ aus; aus dem Anhang seines Buches wird ersichtlich, dass er sich in dieser Tabelle (S. 243) nur auf die kleinere und ältere Metaanalyse von zweien bezieht und diejenige von Klauer und Phye (2008) mit $d = 0.59$ ohne Angabe von Gründen unberücksichtigt lässt.

Programmen, die nicht nur irgendeinen trivialen, von Null verschiedenen Lernerfolg bei den Schülerinnen und Schülern bewirken („What works?"), sondern den anzustrebenden Effekt („What works best?"). In der „Zone" $d < 0$ befinden sich solche Faktoren, die lernhinderlich wirken (zum Beispiel viel Zeit mit Fernsehkonsum, Klassenwiederholung), zwischen $d = 0$ und $d = 0.15$ liegen Faktoren, die nicht über das hinaus wirksam sind, was normale kognitive und soziale Reifungsprozesse auch ohne Beschulung hervorbringen würden, die also unter Lernerfolgsgesichtspunkten bereits als potenziell schädlich gelten müssten (zum Beispiel offene vs. traditionelle Lernformen, jahrgangsübergreifendes Lernen). Im Bereich $0.15 < d < 0.4$ schließlich ordnet Hattie (2009, S. 20) den Lernfortschritt ein, den Lehrkräfte typischerweise innerhalb eines Schuljahres bewirkten.

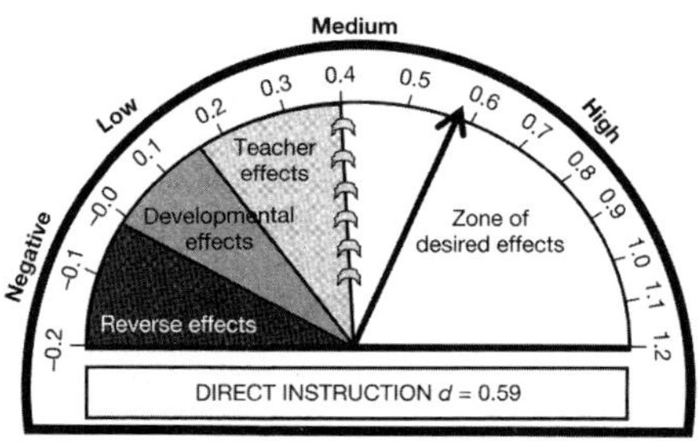

KEY	
Standard error	0.096 (High)
Rank	26th
Number of meta-analyses	4
Number of studies	304
Number of effects	597
Number of people (1)	42,618

Abb. 1: Typisches Einflussbarometer zur Darstellung der aus Metaanalysen aggregierten mittleren Effektgröße für den Zusammenhang eines Faktors mit Schulleistung (Quelle: Hattie 2009, S. 205)

Im Hinblick auf die oben exemplarisch aufgeführten beiden Qualitätsmerkmale für metaanalytische Prozesse, das heißt (1) die angemessene Beachtung und Interpretation uneinheitlicher Studienergebnisse bei der Datenaggregation und (2) die proportionale Gewichtung von Studien unterschiedlichen Umfang zeigen Hatties Analysen ein eher inkonsistentes Bild. Zwar plädiert er dafür, a priori möglichst keine Studie (in seinem Fall: Metaanalyse) wegen theoretischer oder methodischer Qualitätsbedenken auszuschließen. Sein Standpunkt ist, dass eine mögliche Heterogenität der Ergebnisse empirisch auf Moderatoreneinflüsse hin untersucht werden müsse. Zwischen dieser Grundhaltung und seinem eigenen methodischen Vorgehen bei der Aggregation der Effektstärken tut sich allerdings eine Kluft auf. Er benennt zwar in den einzelnen Kapiteln gelegentlich Befunde zu Moderatorenanalysen, die die Autorinnen und Autoren der ursprünglichen Metaanalysen durchgeführt haben; er versäumt es jedoch, die von ihm auf der *Meta*-Metaebene aggregierten Befunde hinsichtlich deren eigener Heterogenität kenntlich zu machen und gegebenenfalls Moderatoren zu identifizieren. So wird zum Beispiel ein Vergleich der Effekte von Studien aus den 1980er Jahren mit aktuelleren Untersuchungen an keiner Stelle vorgenommen, obwohl die methodischen Standards sich zwischenzeitlich erheblich verändert haben. Insgesamt unterscheiden sich die einbezogenen Metaanalysen mitunter ganz erheblich in ihren Befunden zu dem jeweils betrachteten Wirkfaktor. Hierdurch blendet Hattie de facto eine Ebene seiner Datenstruktur aus. Indem er als finale Effektgröße im Einflussbarometer jeweils nur den gemittelten Mittelwert anderer Metaanalysen und eine nicht näher erklärte Angabe zum Standardfehler[4] (*standard error*, vgl. oben, Abb. 1) darstellt, wird suggeriert, dass diese „finale" Effektgröße den „wahren" Effekt des betrachteten Schul- oder Unterrichtsfaktors wiedergibt.

Darüber hinaus aggregiert Hattie (2009) die mittleren Effektstärken der ursprünglichen Metaanalysen, ohne sie durch die Zahl der jeweils eingegangenen Studien zu gewichten. Metaanalysen, die auf vielen hundert Einzelstudien beruhen, gehen dabei mit dem gleichen Gewicht in das *d*-Barometer ein, wie Metaanalysen mit nur fünf Primärstudien. Welche Folgen dieses Vorgehen für die inhaltlichen Schlussfolgerungen haben kann, soll kurz an einem Zahlenbeispiel aus Hatties Daten demonstriert werden. Der aus vier Metaanalysen ermittelte Effekt der Unterrichtsmethode der Direkten Instruktion *(Direct Instruction)* beträgt nach Hattie (2009, S. 205; vgl. oben Abb. 1) $d = 0.59$ und fällt damit in die „erwünschte Zone" ($d > 0.4$). *Direkte Instruktion* stellt eine keinesfalls unumstrittene, hochstrukturierte und lehrerzentrierte Unterrichtsmethode dar. Schaut man sich die verarbeiteten Metaanalysen einzeln an, so fällt auf, dass die mit 232 Primärstudien bei Weitem größte Analyse (Borman u. a. 2003) gleichzeitig diejenige mit der geringsten Effektstärke ($d = 0.21$) ist. Würde man diejenigen Metaanalysen, für die alle notwendigen Informationen vorlagen, anhand der Anzahl der eingehenden Primärstudien *gewichtet* mitteln, so läge die resultierende Ef-

4 Aus den Angaben im Text und im Appendix A lässt sich rekonstruieren, dass Hattie (2009) den Standardfehler für seine Meta-Meta-Effektstärken berechnet, indem er die Standardfehler der ursprünglichen Metaanalysen ungewichtet mittelt, wenn diese in der Publikation angegeben wurden. Metaanalysen, die keinen Standardfehler berichten, werden in dieser Berechnung ignoriert, was zu nicht unerheblichen Verzerrungen führen kann.

fektstärke bei $d = 0.39$ und damit nicht mehr in der von Hattie definierten „erwünschten" Wirkungszone. Hinzu kommt, dass die meisten Ursprungsstudien der größten Metaanalyse ihre Daten in Schulen mit einem sehr hohen Anteil sozial benachteiligter Schülerinnen und Schüler erhoben haben (Borman u.a. 2003, S. 187).

Dieses Beispiel soll nicht dazu dienen, Hatties Befunde kategorisch infrage zu stellen. Dazu bedürfte es einer detaillierten Re-Analyse aller seiner Effektstärkenaggregierungen. Allerdings wäre zu diskutieren, ob die *Sensitivität* solcher datenreichen Analysen ausreichend transparent gemacht wird, um die Ergebnisse unter Evidenzgesichtspunkten angemessen bewerten zu können. Hattie nämlich verwendet das positive Resultat für die Methode der *Direkten Instruktion* später weiter, um sein theoretisches Erklärungsmodell der erfolgreichen *Lehrkraft als „Aktivator"* zu stützen (vgl. oben, Tab. 1). Insbesondere aber die Präsentation möglicherweise sehr sensitiver gemittelter Effektstärken in Form von Rankings sollte daher nicht unkommentiert an potenzielle Nutzer in Bildungspolitik und pädagogischer Praxis vermittelt werden. Wie Snook u.a. resümieren:

> „We are concerned, however, that: (i) Despite his own frequent warnings, politicians may use his work to justify policies which he does not endorse and his research does not sanction; (ii) Teachers and teacher educators might try to use the findings in a simplistic way and not, as Hattie wants, as a source for 'hypotheses for intelligent problem solving'." (Snook u.a. 2009, S. 104f.)

Schlussbemerkung

In diesem Beitrag wurde versucht zu zeigen, wie das Verständnis von Evidenz hinsichtlich der Wirksamkeit pädagogischer und bildungspolitischer Maßnahmen sich in der Art und Weise niederschlägt, wie Metaanalysen gesehen, durchgeführt und genutzt werden. Erfolgen Suche und Auswahl der Primärstudien für eine Metaanalyse nach strengen methodischen Standards, zum Beispiel dem Einschluss nur randomisierter Kontrollstudien, dann liegt der Fokus auf einem strengen Nachweis der Wirksamkeit von Maßnahmen und Programmen. Die Kontext- und Realweltbedingungen werden als grundsätzlich *kontrollierbar* angenommen. Eine solche Konzeption von empirischen Wirksamkeitsnachweisen mag bestenfalls für sehr genau beschreibbare, eng definierte Maßnahmen im pädagogischen Bereich angemessen sein, wie zum Beispiel Studien zur Wirksamkeit eines klar definierten Leseförderprogramms für dyslektische Kinder, das auch „in der Fläche“ unter immer gleich standardisierten Bedingungen administriert wird. Der Regelfall interessierender Maßnahmen und Programme ist nach Berliner (2002) jedoch gekennzeichnet durch die Wirkung multipler Kontexteinflüsse in realen Lehr-Lern-Situationen, die Allgegenwart von Wechselwirkungen zwischen solchen Kontextbedingungen und dem interessierenden Wirkfaktor sowie die geringe „Halbwertszeit“ von Evidenz empirischer Bildungsforschung.

Daher sind es vor allem die beschreibenden und die explorativen Potenziale der Metaanalyse, die als Ausgangs- und nicht als Endpunkt für Diskussionen und Erkenntnisse über moderierende Kontextfaktoren genutzt werden könnten. Im Einzelfall können durch metaanalytische Befunde auch politisch motivierte Mythen entzaubert werden, wie die Vorstellung, dass die Reduzierung der Klassengröße an sich leistungsförderlich wirken müsse. John Hatties Meta-Metaanalyse *Visible Learning* (2009) gibt zwar an vielen Stellen ein Bekenntnis zur Wichtigkeit von differenzierenden Betrachtungen der Befunde von Metaanalysen ab, seine eigene methodische Vorgehensweise lässt dies allerdings eher wie ein Lippenbekenntnis erscheinen. Hatties Beispiel zeigt, dass es wichtig und an der Zeit wäre, sich über Standards der quantitativen Befundintegration zu verständigen, auf Seiten der Abnehmer metaanalytischer Befunde ein Verständnis über Möglichkeiten und Grenzen des Verfahrens zu fördern und mögliche Hegemonialansprüche hinsichtlich der Generierung von Evidenz in pädagogischen und bildungspolitischen Handlungsfeldern zu relativieren.

Literatur

Beelmann, A./Bliesener, T. (1994): Aktuelle Probleme und Strategien der Metaanalyse. In: Psychologische Rundschau, 45, S. 211–233.

Berliner, D. C. (2002): Comment: Educational research: the hardest science of all. In: Educational Researcher, 31, S. 18–20.

Biesta, G. (2011): Warum „What works“ nicht funktioniert. Evidenzbasierte pädagogische Praxis und das Demokratiedefizit der Bildungsforschung In: J. Bellmann/T. Müller (Hrsg.): Wissen, was wirkt. Kritik evidenzbasierter Pädagogik. Wiesbaden: VS Verlag für Sozialwissenschaften, S. 95–121.

Borman, G. D./Hewes, G. M./Overman, L. T./Brown, S. (2003): Comprehensive school reform and achievement. A meta-analysis. In: Review of Educational Research, 73, S. 125–230.

Campbell, C./Levin, B. (2009): Using data to support educational improvement. In: Educational Assessment, Evaluation and Accountability, 21, S. 47–65.

Cohen, J. (1988): Statistical power analysis for the behavioral sciences. Hillsdale, New Jersey: Lawrence Erlbaum.

Cooper, H./Robinson, J. C./Patall, E. A. (2006): Does homework improve academic achievement? A synthesis of research, 1987–2003. In: Review of Educational Research 76, S. 1–62.

Felten, M. (2011): Doch, er ist wichtig! Wie gut Kinder lernen, hängt vom Können ihrer Lehrer ab. Der Umbau von Schulstrukturen ist zweitrangig. Zeit Online, 07.11.2011. http://www.zeit.de/2011/45/C-Lehrer-Studie (Zugriff: 07.01.2014).

Hattie, J. (2009): Visible learning. A synthesis of over 800 meta-analyses relating to achievement. London, New York: Routledge.

Hattie, J. (2012). Visible learning for teachers. Maximizing impact on learning. Oxford: Routledge.

Hattie, J. (2013): Lernen sichtbar machen. Überarbeitete deutsche Ausgabe von „Visible Learning“, besorgt von Wolfgang Beywl und Klaus Zierer. Baltmannsweiler: Schneider Hohengehren.

Klauer, K. J./Phye, G. D. (2008): Inductive reasoning. A training approach. In: Review of Educational Research, 78, S. 85–123.

Ruthven, K. (2011): Using international study series and meta-analytic research syntheses to scope pedagogical development aimed at improving student attitude and achievement in school mathematics and science. In: International Journal of Science and Mathematics Education, 9, S. 419–458.

Schildkamp, K./Ehren, M./Lai, M. K. (2012): Editorial article for the special issue on data-based decision making around the world. From policy to practice to results. In: School Effectiveness and School Improvement, 23, S. 123–131.

Seidel, T./Shavelson, R. J. (2007): Teaching effectiveness research in the past decade. The role of theory and research design in disentangling meta-analysis results. In: Review of Educational Research, 77, S. 454–499.

Slavin, R. E. (2008): Perspectives on evidence-based research in education. What works? Issues in synthesizing educational program evaluations. In: Educational Researcher, 37, S. 5–14.

Snook, I./O'Neill, J./Clark, J./O'Neill, A.-M./Openshaw, R. (2009): Invisible learnings? A commentary on John Hattie's book "Visible Learning: A synthesis of over 800 meta-analyses relating to achievement". In: New Zealand Journal of Educational Studies, 44, S. 93–106.

Terhart, E. (2011): Has John Hattie really found the Holy Grail of research on teaching? An extended review of Visible Learning. In: Journal of Curriculum Studies, 43, S. 425–438.

Trautwein, U./Schnyder, I./Niggli, A./Neumann, M./Lüdtke, O. (2009): Chameleon effects in homework research. The homework-achievement association depends on the measures used and the level of analysis chosen. In: Contemporary Educational Psychology, 34, S. 77–88.

Wiseman, A. W. (2010): The uses of evidence for educational policymaking. Global contexts and international trends. In: Review of Research in Education, 34, S. 1–24.

Wolfgang Beywl, Klaus Zierer

„Visible Learning" wird zu „Lernen sichtbar machen"

Ein Kommentar zur Übersetzung und Überarbeitung der Hattie-Studie

Die Herausforderung, eines der wichtigsten Bücher der empirischen Bildungsforschung in eine andere Sprache zu transformieren, erforderte eine Reihe von Lösungsansätzen, die hier angesprochen werden. Sie können helfen, um zum einen den schwierigen Prozess der Übersetzung und Überarbeitung zu verstehen und zum anderen Möglichkeiten und Grenzen der Adaption zentraler Erkenntnisse in den deutschen Sprachraum zu erkennen.

Kaum ein Buch hat in den letzten fünf Jahren den internationalen erziehungswissenschaftlichen Diskurs so sehr beeinflusst, wie *Visible Learning* von John Hattie. Dies gilt auch für die deutschsprachige Ausgabe: Als John Hattie zur Buchpräsentation von *Lernen sichtbar machen* im April 2013 an die Carl von Ossietzky Universität Oldenburg kam, war das Interesse riesig. Dabei drängten nicht nur Lehrpersonen in den Vortragsraum, sondern auch die bundesweite Presse. Berichte folgten in zahlreichen größeren Tageszeitungen in Deutschland, Österreich und der Schweiz, und selbst in Radio und Fernsehen gab es Sendungen zu Hattie. Kurzzeitig schaffte es *Lernen sichtbar machen* sogar in die Top 20 der Sachbuch-Bestseller (*Börsenblatt des Deutschen Buchhandels*, 03.05.2013).

Dass ein pädagogisches Fachbuch, gespickt mit statistischen Maßzahlen und versehen mit 120 Seiten dokumentierendem Anhang, in kurzer Zeit fünfstellige Verkaufszahlen erreicht, erstaunt und zeigt, dass es auch außerhalb der erziehungswissenschaftlichen Community, nämlich bei Schulleitungen, Lehrpersonen, bildungspolitisch Verantwortlichen und Eltern, ein breiteres Interesse an empirischer Evidenz zu Bildungsfragen gibt. Dies kann man als Hinweis deuten, dass die im deutschsprachigen Raum in den vergangenen Dekaden ausgebaute empirische Bildungsforschung auf größere Resonanz stößt.

An der Einordnung von *Lernen sichtbar machen* als monumentales Werk bestehen kaum Zweifel (zuletzt Andreas Helmke im Interview mit Volker Reinhard in *lehren & lernen*, 7/2013 S. 8–15). In einem jahrzehntelangen Entstehungsprozess verwarf Hattie fast fertige Fassungen und begann immer wieder von Neuem zu schreiben – bis er schließlich eine Fassung vorlegen konnte, die es in seinen Augen wert war, veröffentlicht zu werden. Mit der Synthese von Hunderten Metaanalysen (genaues Nachzählen erbringt Werte zwischen 736 und 816) und der Extraktion von 138 Faktoren, die zu Lernleistungen beitragen, ist es die bis dato weltweit umfangreichste Zusammenschau empirischer Bildungsforschung. Diese Arbeit ist nicht abgeschlossen: In *Visible Learning for Teachers*, veröffentlicht 2012 (auf Deutsch 2014), finden sich im Anhang an die 900 Metaanalysen verarbeitet, mit nun 150 Faktoren. Für 2015 hat Hattie (auf der ersten internationalen Konferenz zu *Visible Learning* im Juli 2013 in Brisbane) eine Erweiterung auf über 1.000 Metaanalysen mit dann noch einigen Faktoren mehr angekündigt.

Es liegt auf der Hand, dass mit der Übersetzung eines so umfangreichen und erfolgreichen Buches zahlreiche Herausforderungen verbunden sind. Diese und der Umgang mit ihnen sollen im vorliegenden Beitrag erläutert werden. Ziel ist es, der Leserin und dem Leser einen Einblick in die herausfordernde, häufig in die entferntesten Ecken des wissenschaftlichen und alltagssprachlichen Raumes führende Übersetzungsarbeit zu geben.

Englisch kann doch jeder!?

In seinem Beitrag „Drifting Didactics“ beschreibt Ewald Terhart (2012) die Entwicklung der deutschsprachigen Didaktik unter dem Gesichtspunkt des Einflusses auf und durch den US-amerikanischen Raum. Er unterscheidet darin drei Etappen: Die erste Etappe umspannt die Jahre von 1945 bis 1960/65, in der auf beiden Seiten nur geringe Einflüsse feststellbar sind, und dementsprechend Skepsis dominiert. Bis 1970 reicht die zweite Etappe, in der viele Überlegungen über den großen Teich nach Deutschland kommen und häufig unreflektiert übernommen werden. Schließlich folgen die Jahre bis zum Jahrtausendwechsel, die sich durch eine neue, weltoffene und der englischen Fachsprache mächtige Generation an Forscherinnen und Forschern auszeichnet. Ist es heute also noch notwendig, ein erziehungswissenschaftliches Fachbuch aus dem Englischen ins Deutsche zu übersetzen?

Ein erstes Argument: Empirische Studien zum Publikationsinput und -output im Bereich der deutschsprachigen Erziehungswissenschaft belegen, dass Forschende nur in geringem Maß englische Artikel verfassen und englische Literatur rezipieren (vgl. Zierer u. a. 2013). Zwar ist die Tendenz auch in der Erziehungswissenschaft sicherlich steigend, doch ist zu vermuten, dass nicht alle Erziehungswissenschaftler in der englischen Fachsprache – und auch den anglophonen Bildungssystemen, auf die sie sich bezieht – so heimisch sind, dass sie über die Breite des in Hatties Original dargelegten bildungswissenschaftlichen Wissens ohne Weiteres ein treffendes Verständnis entwickeln können. Hierfür haben wir uns Zeit genommen und viele Gespräche mit kundigen Kolleginnen und Kollegen geführt.

Ein zweiter Grund: Für die Zielgruppen, insbesondere Lehrpersonen und Lehramtsstudierende, erscheint ein schneller Zugang zu diesem Fachbuch wichtig. Es ist sowohl für die Theorieprüfung und -entwicklung als auch für die Gestaltung professioneller Bildungspraxis relevant.

Ein dritter Grund: Angesichts einer hohen Spezialisierung in der erziehungswissenschaftlichen Forschung und einer gewissen Sättigung an Erkenntnissen ist es heute weitaus schwieriger, ein epochales Buch zu verfassen, als dies noch vor zwanzig, dreißig Jahren der Fall war. Die englische Sprache hat hier einen sich weiter verstärkenden Vorteil: Nur das, was in dieser weltweit immer mehr dominierenden Wissenschaftssprache veröffentlicht wird, trägt zum gewaltigen global verfügbaren Wissenskorpus bei. Um die im deutschsprachigen Raum vorhandene, in Hatties Buch lediglich beiläufig berücksichtigte Forschung an dieses standardsetzende Werk anschließbar zu machen, ist seine Übersetzung ins Deutsche ein gleichwohl förderlicher Schritt (der auf der interaktiven Webseite http://www.lernensichtbarmachen.net zum Buch fortgesetzt wird).

Die Resonanz, die John Hattie mit seinem Buch *Visible Learning* auf internationalem und nationalem Terrain erfahren hat, ist enorm und bis heute ungebrochen. Damit ist das zweite Thema angesprochen.

Wider den „Fast-Food-Hattie"

Wir sehen die Notwendigkeit einer Übersetzung von *Visible Learning* nicht nur in der geschilderten starken Resonanz, sondern auch in der Gefahr, die eine vorschnelle und oberflächliche Interpretation seiner Überlegungen nach sich zieht. Letzteres ist unter Umständen auch Folge von Ersterem, sodass zunächst darauf eingegangen wird.

Noch nie zuvor hat *Times Educational Supplement* ein Buch mit den Worten „the Holy Grail" gepriesen. Wer die Geschichte des Heiligen Grals kennt, weiß um die Bedeutung dieses Vergleiches. Es überrascht daher nicht, dass John Hattie auch metaphorisch mit dem „Messias" verglichen wird. Ähnlich euphorisch sind die meisten Besprechungen innerhalb der *scientific community*. Schon bis zur Drucklegung der Übersetzung konnten wir über vierzig veröffentlichte Besprechungen ausfindig machen. Seitdem ist etwa die gleiche Anzahl an Besprechungen oder ausführlichen Rezeptionen in deutschsprachigen Publikationen dazugekommen. Nicht einberechnet sind die zahlreichen, ausschließlich im Internet veröffentlichten Kommentare und Darstellungen. Das nahezu einhellige Gesamturteil kulminiert in den Worten von Andreas Helmke:

> „[John Hattie fasst] den gesamten weltweit (in englischer Sprache) verfügbaren Wissensstand zu Bedingungen schulischer Leistung in seinem epochalen Werk [zusammen. …] An diesem Meilenstein muss sich jede künftige Darstellung des empirischen Forschungsstandes orientieren." (Helmke 2012, S. 13)

Um an dieser Stelle gleich einer Reihe von Fehlinterpretationen vorzubeugen: Weder hat John Hattie den Heiligen Gral des Unterrichtens gefunden noch ist er der Messias der Erziehungswissenschaft. Auch bietet er keinen „Schlussstein" für das große Gebäude der bildungswissenschaftlichen Forschung zu Unterricht, zu Schule und zum Bildungssystem. Wer derartige Folgerungen zieht, hat John Hattie entweder nicht zu Ende gelesen oder nicht verstanden. In Kapitel 2 von *Lernen sichtbar machen für Lehrpersonen* hält er explizit fest, dass der Heilige Gral auch in der Erziehungswissenschaft noch gefunden werden müsse. Insofern ist es erfreulich, dass neben all den Jubelrufen auch realistischere Einschätzungen zu finden sind. So bemerkt Ewald Terhart, indem er auf eine andere, nicht weniger monumentale Metaphorik zurückgreift: John Hattie arbeitet

„an einer überaus großen Pyramide, die einerseits fest am Platz steht und bereits eine beachtliche Breite und Höhe sowie eine klare Gestalt aufweist, jedoch ansatzbedingt nicht von ihrem Platz verrückt werden kann, aber ständig ergänzt, teilumgebaut und weiter vergrößert wird." (Terhart 2011, S. 291)

Diese Ausführungen zeigen, dass die Diskussion voll im Gang ist. An John Hattie, so könnte man weiter bildlich argumentieren, scheiden sich die Geister. Allerdings erscheint uns dieser Zugang zu John Hattie, der bei näherer Betrachtung nicht selten emotional beladen ist, wenig gewinnbringend. Zudem wissen wir aus Studien von Wolfgang Brezinka, dass gerade der undisziplinierte Gebrauch von Metaphern für die Pädagogik wenig hilfreich ist (vgl. Brezinka 1990). Er führt vielmehr zu einem Begriffswirrwarr und zu Unklarheiten, die der Sache mehr Schaden als Nutzen bringen. Die Übersetzungsarbeit hat unseren Blick für die mit Bildungs- und Erziehungsfragen eng verbundenen Wertkonflikte noch einmal geschärft und uns gleichzeitig ermutigt, diesen mit größerer Gelassenheit zu begegnen.

Wertkonflikte werden bereits bei der Übersetzung der Domänenüberschriften und Faktorennamen virulent: Ist es gerechtfertigt, „parents" mit „Elternhaus" zu übersetzen, angesichts der Tatsache, dass Millionen Kinder bei Alleinerziehenden aufwachsen (der Monitor Familienforschung 2012 schätzt den Anteil dieser Familien auf 20 %)? Wie übersetzt man Wörter wie „ethnicity", „desegregation" oder „special" im Zusammenhang mit „special education"? Ein nicht „zeitgemäßer" Wortgebrauch löst bisweilen heftige (emotional mitbedingte) Reaktionen aus. Eine heute noch akzeptabel erscheinende Übersetzung kann in wenigen Jahren schon als unangemessen (diskriminierend, stigmatisierend und dergleichen) gelten. Gerade in Bildungsfragen, die die lernenden, sich dabei verändernden und ihre Identität entwickelnden Menschen in intimen Bereichen betreffen, werden Begriffsbestimmungen einer ständigen Bedeutungsprüfung unterzogen. Was aus pädagogischer Wertperspektive als angemessene Übersetzung gilt, unterliegt daher einem steten Wandel. Dies ist auf der einen Seite zu begrüßen, da es immer wieder zum kritischen Hinterfragen der eigenen Werthaltungen ermuntert. Auf der anderen Seite kann dies auch missbraucht werden, um Interpretationshegemonien auf- und auszubauen und die (noch nicht oder nicht mehr) Politisch-Korrekten mit einem Stigma zu versehen. Steven Pinkers (2003) Metapher von der Euphemismus-Tretmühle bringt diese Ambivalenz auf den Punkt: Wir dürfen nicht ruhen, spannungsgeladene Begriffe kritisch zu hinterfragen und, wenn nötig, durch bessere zu ersetzen. Dieser Vorgang ist nie abgeschlossen, denn jeder Begriff, der einen mit Emotionen besetzten Sachverhalt „reifer“, „aufgeklärter“, „rationaler“ fassen will, wird nach einiger Zeit wieder die nicht auflösbare Spannung zum Ausdruck bringen und durch einen neuen ersetzt werden müssen. Umso wichtiger ist es, das jeweils Gemeinte so eindeutig wie möglich zu definieren, damit der zu führende Dialog über Bildung und Erziehung eine die Verständigung förderliche geklärte terminologische Basis hat.

Und genau dies war für uns ein Argument, die Herausforderung der Übersetzung von *Visible Learning* anzugehen, womit wir beim zweiten Punkt sind: Die Gefahr der vorschnellen und oberflächlichen Interpretation. Wenn man in die Rezeption von *Visible Learning* blickt, dann lassen sich ohne längeres Suchen viele Beispiele dafür finden. So wird oft unmittelbar von Hatties „Rangliste der Faktoren“ auf zu ergreifende Maßnahmen geschlossen. In dieser Rangliste werden die 138 extrahierten Faktoren entsprechend des für Hatties Argumentation zentralen statistischen Vergleichsmaßes, der Effektstärke, angeordnet. Diese bezeichnet die Intensität des Zusammenhangs zwischen dem jeweiligen Faktor und den Lernleistungen oder Outcomes der Lernenden. Im Wesentlichen unterlaufen drei Arten von Fehlern, die wir an Beispielen verdeutlichen möchten.

Hausaufgaben nehmen bei John Hattie einen Rang im hinteren Drittel der Rangreihe ein: Platz 88 von 138 ($d = 0{,}29$, also eher schwach). Damit ist für viele klar: Hausaufgaben lohnen sich nicht. Sie können abgeschafft werden. Wer diese Schlüsse zieht, hat Hattie falsch interpretiert. Zum einen ist dieser Effekt nicht negativ, sondern schwach positiv. Das heißt, wenn man Hausaufgaben von einem auf den anderen Tag abschaffen würde, dann würden die Lernleistungen womöglich sinken. Überdies – und darauf weist Hattie selbst hin –, sind Hausaufgaben je nach Klassenstufe differenziert zu betrachten: In der *Senior High School* (im deutschsprachigen Raum betrifft dies zum Beispiel die Gymnasien besonders stark) bringen (gut gestellte) Hausaufgaben mit Blick auf mathematische, sprachliche und naturwissenschaftliche Kompetenzen deutlich mehr als in der Grundschule. Man könnte daher folgern: Je höher die Klassenstufe, desto effektiver sind tendenziell Hausaufgaben. Schließlich können bereits in niedrigen Klassenstufen regelmäßig gegebene Hausaufgaben zum Aufbau verschiedener Kompetenzen (zum Beispiel Selbstregulationsfähigkeit) beitragen. Da sich Hattie vorrangig für die Beiträge der von ihm untersuchten Faktoren zu fachlich-kognitiven Kompetenzen interessiert, fällt dieser mögliche Einfluss der Hausaufgaben (vgl. Zierer 2013) aus seiner Betrachtung weitgehend heraus. Diese von Hattie in der Einleitung eingeräumte Verkürzung ist nicht nur beim Thema „Hausaufgaben", sondern auch bei anderen Faktoren, die zunächst auf methodische, personale oder soziale Kompetenzen Einfluss nehmen, und später vielleicht auch auf fachliche, zu bedenken.

Auch für die Sommerferien liefert John Hattie eine Effektstärke, die zu einer Überinterpretation einlädt. So kommen lange Sommerferien auf einen Wert, der Unwirksamkeit signalisiert (d = –0,09). Für viele liegt damit auf der Hand: Sommerferien in der bisherigen Form sind schädlich. Beispielsweise wird vorgeschlagen, die Ferienzeit mit Übungsaufgaben in Mathematik, Lesen und den Naturwissenschaften zu füllen, „Ferienlerntagebücher" schreiben zu lassen. Das Problem, das sich hier zeigt, liegt in einer Überinterpretation einzelner Ergebnisse – auch darauf weist Hattie hin: Es reicht eben nicht aus, einen einzelnen Faktor zu modulieren, sondern es ist stets ein Geflecht von Wechselwirkungen, das einbezogen werden muss. Im genannten Beispiel ist, bevor hier ein Schluss gezogen werden kann, zu bedenken, dass erstens die Länge der Sommerferien von Land zu Land unterschiedlich ist (im Extremfall bis zu drei Monate lang) und zweitens positive Effekte zu erwarten sind, die zwar nicht den mathematischen und sprachlichen Fähigkeiten dienen, aber für die Bildung der Kinder und Jugendlichen nicht weniger wertvoll sind: Zeit für Eltern, Zeit für Freunde, ja sogar Langeweile. Bildung erschöpft sich nicht in einem wie auch immer messbaren Leistungszuwachs. Und die Schule sollte sich davor hüten, sich auf diesen Nutzen zu beschränken – ein Argument, das auch für andere schwache Faktoren zu prüfen ist (vgl. Zierer 2013).

Es wird unterstellt, dass Faktoren mit einem geringen Einfluss für eine erfolgversprechende Schul- und Unterrichtsentwicklung per se vernachlässigbar sind. Dies ist jedoch für eine Vielzahl solcher Faktoren ein Fehlschluss, zumal für solche, die durch Lehrpersonen oder Schulleitungen gestaltbar sind. Dabei spielen sowohl didaktisch-konzeptionelle Gesichtspunkte eine Rolle (wirkmächtige Kombination von Faktoren) als auch finanzielle Aspekte. Hierzu zwei Beispiele, die auf eine Reihe anderer Faktoren übertragbar sind: *Team-Teaching* hat mit d = 0,19 eine sehr geringe Effektstärke. Diese besagt Folgendes: Wenn man ansonsten identisch unterrichtete Klassen mit bzw. ohne *Team-Teaching* vergleicht, schadet das (in der Regel kostenerhöhende) *Team-Teaching* zwar nichts, aber erbringt auch wenig gesteigerte Lernleistungen. Wenn man jedoch das Setting des *Team-Teaching* nutzt, um im Einzelunterricht schwer aufbaubare Ansätze einzuführen, zum Beispiel formative Evaluation des Unterrichts (d = 0.90) oder *Peer-Tutoring* (d = 0.55), ergibt sich ein wirkstarkes Faktorenbündel. Für dessen Aufbau ist zumindest temporäres *Team-Teaching* wünschenswert, wenn nicht unverzichtbar.

Jahrgangsübergreifende Klassen haben selten einen positiven Effekt auf die Lernleistungen (aber auch selten einen negativen) – der Wert der Effektstärke liegt nahe bei null. Sie daher von vornherein abzulehnen, geht jedoch fehl, weil mit ihnen sowohl direkte (Personalkosten) als auch indirekte Kosten (Schülertransport, Gebäudekosten usw.) eingespart und für andere, wirkmächtigere Ansätze eingesetzt werden könnten. Infrage käme zum Beispiel die nicht unaufwendige Einführung eines Konzeptes altersdurchmischten Lernens (zum Beispiel Achermann/Gehrig 2012). Vielfach liegt der Schlüssel für den Erfolg nicht in der Auswahl weniger „starker" Faktoren, sondern in einer wohlüberlegten, auf den jeweiligen schulischen Kontext abgestimmten Kombination, auch mit schwächeren Faktoren.

Die angeführten Beispiele zeigen, wie vorschnell und oberflächlich eine Interpretation von John Hattie möglich ist und wie falsch die daraus gezogenen Schlüsse bei näherer Betrachtung sind: weil sie auf einer ungenauen Kenntnis der Ausführungen Hatties beruhen, in unzulässiger Weise Ergebnisse von anderen Ländern übertragen und mögliche Wechselwirkungszusammenhänge einzelner Faktoren sowie ihr Aufwand-Nutzen-Verhältnis missachten. Gelingt es entsprechend vernetzten Protagonisten, ihre meist schon vorgefasste Meinung publik zu machen und in die relevanten Entscheidungsgremien hineinzutragen, dann kann daraus größerer Schaden resultieren – zum Beispiel das Abschaffen der Hausaufgaben, die Verkürzung der Sommerferien, die generelle Ablehnung von *Team-Teaching* oder von jahrgangsübergreifenden Klassen. All das, was hier passieren kann und auch passiert, ist ein „Fast-Food-Hattie", der nur auf das, was schnell und einfach zugänglich scheint, fokussiert. Er reduziert die vielfältigen und differenzierten Erkenntnisse von John Hattie in unangemessener Weise, beispielsweise auf sein Ranking der 138 Faktoren und die Visualisierung der Effektstärken mithilfe der sogenannten Barometer. Problem und Chance zugleich sind: *Visible Learning* liefert für nahezu jeden etwas. Somit lädt es zu einer hoch selektiven, die eigenen Vorurteile oder Glaubenssätze bestätigenden Rezeption geradezu ein. Dies darf nicht verwundern. Denn mit Bildung und Erziehung sind immer verschiedenartige „Werte" und Vorstellungen vom „Guten" verbunden, für die weder in der Vergangenheit noch in der Zukunft ein überdauernder Konsens erzielt werden kann. Kurz gesagt: Vielfach selektiv genutzt wird das, was John Hattie sagt. Aber auch das von ihm *nicht* Untersuchte kann hoch relevant sein, wenn es um Entscheidungen in Unterricht, Schule und Bildungspolitik geht.

Insofern zeigt sich, dass der große Wert der Studie von John Hattie gleichzeitig die größte Gefahr mit sich bringt: Der Versuch, Komplexität zu reduzieren. Zusammen mit der Tatsache, dass *Visible Learning* in einer fremden Sprache geschrieben ist, verführt dies zu Fehlinterpretationen. Wir waren und sind fest davon überzeugt, dass ein erster Schritt, um diese Gefahr zu bannen, darin liegt, *Visible Learning* zu übersetzen und in deutscher Sprache zu veröffentlichen. Die Wahrscheinlichkeit steigt damit, dass auch die teils sehr differenzierten Ergebnisse und Überlegungen von John Hattie zu seinen Faktoren gelesen werden, und nicht nur die Barometer mit den reinen Faktorenbezeichnungen als Grundlage für „Feiertagsinterpretationen" dienen. Solche können dem Ansatz und der Arbeit von John Hattie nicht gerecht werden. Sie könnten dazu führen, dass *Visible Learning* bloß ein Aufblitzen einer überwältigenden Zahl statistischer Maßzahlen in der Diskussion wäre. Die weitaus wichtigere Theorie, die hinter diesen steht, erfordert eine intensive Auseinandersetzung mit dem Originaltext. Sie lässt sich am besten mit Hatties Worten selbst andeuten:

> „Im vorliegenden Fall handelt die Geschichte von der Sichtbarkeit des Lehrens und des Lernens. Es geht um das Potenzial der leidenschaftlichen, versierten Lehrpersonen, die sich auf das kognitive Engagement der Lernenden für den Lehrinhalt dessen, was sie unterrichten, konzentrieren." (Hattie 2013, S. 280)

Die Übersetzung verfolgt also das Ziel, eine kritisch-konstruktive und breite Auseinandersetzung mit John Hattie überhaupt erst zu ermöglichen und zu initiieren – jenseits eines schnellen und verkürzenden Zugriffs. Es soll – zusammen mit dem interaktiven Internet-Angebot – Lesende unterstützen, die Komplexität des Lernens und Lehrens zu erhalten und den Transfer des zusammengestellten und aufbereiteten Wissens auf einen historisch gewachsenen, kulturspezifischen, konkreten und somit einzigartigen pädagogischen Kontext zu leisten: eine spezielle Schule und die eigene Unterrichtspraxis.

In 100 Tagen um die ganze Welt

Die Übersetzung von *Visible Learning* war – von den sprachlichen Herausforderungen abgesehen – eine Mammutaufgabe: Sie kostete unser Team, bestehend aus 6 Personen der Pädagogischen Hochschule FHNW und der Carl von Ossietzky Universität Oldenburg, gut 100 Tage – wenig Zeit für eine Reise durch zahlreiche Regionen einer expandierenden Welt des (pädagogischen) Forschungswissens. Hatties Werk umfasst – was ein Blick auf die 6 Domänen zeigt – breite Forschungs- und Themenbereiche, die ein Einzelner allein kaum überblicken kann. Die Zugänglichkeit wird durch die englische Sprache erschwert. In diesem Sinn stellt der Transfer von einer Sprache in eine andere zahlreiche begriffliche und inhaltliche Herausforderungen. Diesen musste durch eine entsprechende Überarbeitung begegnet werden. Dabei wurden verschiedene Inkonsistenzen der Originalfassung deutlich, die so weit wie möglich bereinigt wurden.

Die Probleme und ihre Lösung eröffnen Chancen, bergen aber auch Risiken. Diese werden zunächst mit Blick auf die Überarbeitung und dann mit Blick auf die Übersetzung angesprochen.

Überarbeitung: Diese konzentriert sich auf die drei Bereiche (1) Vollständigkeit, (2) Konsistenz und (3) Korrektheit sowohl statistischer Kennzahlen als auch deren Visualisierung (durch die „Barometer"): So wurden zum Beispiel fehlende Barometer und eine Faktorenbeschreibung („Verhalten in der Klasse", „classroom behavioral") ergänzt, Zwischenüberschriften eingefügt, Tabellen und Anhänge vervollständigt. Es wurde stärker auf konsistenten Begriffsgebrauch über alle Kapitel hinweg geachtet, um die Leserin und den Leser optimal zu orientieren (zum Beispiel Gebrauch des Wortes „Faktor" nur dann, wenn einer der 138 angesprochen ist). Die Benennungen der Domänen und der Faktoren sind über alle Kapitel und die Anhänge vereinheitlicht.

In den Tabellen, Abbildungen und Barometern des Originals war die eine oder andere statistische Kennzahl fehlerhaft übertragen worden zum Beispiel abweichend von der Referenzgröße im Anhang B). Dies betrifft besonders die beiden für das Resümee Hatties zentralen Tabellen im abschließenden Kapitel 11, die auch in ihrer Zusammensetzung angepasst sind. Gegenüber der Originalausgabe sind mit John Hattie zusammen alle CLE-Werte (siehe Kapitel 2) korrigiert worden. Die 138 „Barometer" wurden grafisch angepasst, um Fehlinterpretationen zu mindern. Selbstverständlich war es uns nicht möglich, statistische Kennzahlen, etwa die von Hattie vorgenommenen Mittelwertbildungen über mehrere Effektstärken, auf Basis der Metaanalysen oder gar Primärstudien nachzurechnen. Auch dies – eine aufwendige Forschungsarbeit, wenn man sie für alle Faktoren angehen möchte! – würde sicher zu Korrekturen führen, aber würde es das große Bild infrage stellen?

Übersetzung: Ein wissenschaftlicher Text erfordert eine präzise, wenn nicht wort-, so doch sinngetreue Übersetzung. Gleichzeitig soll der übersetzte Text leicht verständlich und leseanregend sein. Diese und weitere Ansprüche machten für dieses Buch zahlreiche Entscheidungen erforderlich, von denen einige hier angesprochen seien. Grundsätzlich wurde alles übersetzt, wenn es nur irgendwie möglich und sinnvoll erschien. Von diesem Vorgehen wurde abgewichen, wenn die englischen Begriffe bereits ins Deutsche eingeführt sind (zum Beispiel *Micro-Teaching*, *Team-Teaching*) oder keine angemessene Übersetzung (zum Beispiel *Mastery Learning*, *High School*) möglich war. Ein im englischen Original beibehaltener Begriff ist – wie viele andere Fachbegriffe auch – in der Übersetzung mit einem Sternchen (*) gekennzeichnet. Er ist im Glossar auf der Begleit-Website erläutert. Nachfolgend sind beispielhaft einige Einzelentscheidungen erläutert:

- „*Evidence*“: Dieses Wort kommt in den 11 Kapiteln des Buches über 160 Mal vor. In den meisten Fällen sind damit empirische, auf die systematische Erhebung und Auswertung von Daten gestützte Belege für Behauptungen gemeint, die allerdings widerlegbar sind. Um dies zu betonen und zu einem Verständnis von Evidenz als dem Augenfälligen oder nach Abwägung Sinnvollen zu kontrastieren, wurde das Wort insbesondere an Schlüsselstellen mit „empirischen Belegen“ übersetzt.
- „*Contributions*“: In den Überschriften zu den 7 Hauptkapiteln zu den 6 Domänen und an vielen anderen Stellen in der Originalausgabe spricht Hattie von „contributions“, welche die entsprechenden Faktoren in Bezug auf die Lernleistungen/die Outcomes haben. Damit sind sowohl (ursächliche) Einflüsse („influences“) oder Wirkungen („effects“) als auch lediglich (korrelative) Zusammenhänge oder Wechselwirkungen gemeint, die – so auch Hattie – allzu schnell mit Ersteren verwechselt werden. Die „Hattie-Tabelle“ auf der Begleit-

Website ermöglicht eigene Recherchen nach Ursachen und Wechselwirkungen.

- *„Intervention“*: Bei „Interventionen“ handelt es sich als ursächlich wirkend modellierte, dabei zusätzlich auch gestaltbare Einflussfaktoren. Im Unterschied zu anderen kausalen Faktoren, zum Beispiel „Familienstruktur“, können Interventionen durch Akteure des Bildungssystems kurz- oder mittelfristig in der Stärke moduliert werden oder sie können unterlassen werden.
- *„Outcomes“*: Dieser Terminus taucht bei Hattie vielfach auf. Er verwendet ihn in zwei Kontexten, was zu verschiedenen Bedeutungsinhalten führt: Zum einen zur Bezeichnung der Lernleistungen oder der erworbenen Kompetenzen („learning outcomes“), zum anderen, um Forschungsergebnisse anzusprechen. Um Missverständnissen entgegenzuwirken, wird in der deutschen Ausgabe der Begriff „Outcomes“ ausschließlich zur Bezeichnung von „(erwünschten) eingetretenen Veränderungen“ oder „Stabilisierungen des Wissens, der Einstellungen, der Fertigkeit, der Kompetenzen usw.“ verwendet, die bei der Zielgruppe – hier meist Schülerinnen und Schüler oder Studierende – auftreten (vgl. auch Beywl/Niestroj 2009). In aller Regel sind damit kognitive, fachliche Lernleistungen in den Kernfächern (Lesen, Schreiben, Mathematik, Naturwissenschaften) gemeint. Doch auch bei durch Bildung geförderten methodischen, personalen oder sozialen Kompetenzen handelt es sich um Outcomes. Deren Relevanz wird auch von Hattie explizit erwähnt, jedoch fehlen hierzu abseits vereinzelter Hinweise systematische Auswertungen.
- *„Student“*: Im Englischen ist dieser Terminus über fast alle Bildungsbereiche hinweg verwendbar, während im Deutschen das Wort „Studierende“ ausschließlich im tertiären Bildungsbereich treffend ist. Daher haben wir uns für das Wort „Lernende“ entschieden, das ähnlich übergreifend verwendet werden kann. Immer dann, wenn „Lernende“ mit dem Verb „lernen“ in einem Satz auftaucht, wurde es durch „Schülerinnen und Schüler“ oder, wenn angemessener, durch „Studierende“ ersetzt.
- *„Activator“* und *„facilitator“*: In seinem letzten Kapitel stellt Hattie Typen von Lehrpersonen als „activator“ und als „facilitator“ gegenüber. Diese Begrifflichkeiten sind wegen der mit den Übersetzungsvarianten je verbundenen Konnotationen heikel (vgl. Pinkers

Euphemismus-Tretmühle): So findet sich in der deutschsprachigen Hattie-Rezeption u.a. der Vorschlag, diese mit „Herausforderer" und „Erleichterer" zu übersetzen. Wir hingegen übersetzen mit „Regisseur" und „Moderator", verbunden mit der Absicht, wertende Konnotationen zu minimieren.

Für die Übersetzung der zahlreichen erziehungswissenschaftlichen Fachtermini haben wir Standardwerke in deutscher Sprache (z.B. Dubs 2009; Helmke 2012) Glossare englischsprachiger Handbücher (z.B. Woolfolk/Perry 2012), den (soeben überarbeiteten) Online-Thesaurus des Education Resources Information Center (ERIC) sowie zahlreiche Originalquellen aus Hatties Literaturverzeichnis und schließlich deutschsprachige Fachliteratur herangezogen.

Die Übertragung der institutionellen Termini der anglophonen Bildungssysteme (*„Middle School"*, *„High School"* usw.) erweist sich als schwierig: Im englischen Sprachraum sind diese Begriffe weitgehend klar. Eine Lösungsidee war, diese Begriffe durch die gängige (wenn auch in Deutschland, Österreich und der Schweiz nicht einmal innerstaatlich eindeutige) Stufung des Bildungsbereiches in Elementar-, Primar-, Sekundar- und Tertiärbereich zu ersetzen. Doch gelang dies nicht. Daher werden auch in der Übersetzung die Originalbezeichnungen für Schultypen genutzt, um die damit angesprochenen Kontexte der ursprünglichen Studien sichtbar zu lassen. Um den Lesenden einen Transfer zu erleichtern, werden diese Begriffe im Online-Glossar erläutert und mit Online-Fundstellen verlinkt. Zudem findet sich dort eine tabellarische Gegenüberstellung mit Bezug auf die „International Standard Classification of Education" (UNESCO 2012).

Neben diesen meist terminologischen Fragen stellt sich auch die Frage einer gendergerechten Sprache, die im Englischen viel einfacher zu lösen ist. Statt mechanisch stets das generische Maskulinum oder stets beide Genera zu nutzen, wurden gängige geschlechtsneutrale Übersetzungen bevorzugt benutzt, wie „Lehrpersonen" für *„teacher"* oder „Lernende" für *„students"* oder *„learners"* sowie für andere zentrale Akteure des Bildungssystems. Zur Vereinfachung werden Sätze mit Personenbezeichnungen wie den genannten – soweit vertretbar – auch dann in den Plural gesetzt, wenn der englische Originalsatz im Singular formuliert ist.

Ein weiteres sprachspezifisches Problem betrifft Satzbau und -länge: Hattie schreibt in einem reihenden Stil mit oft langen Sätzen. An zahlreichen Stellen haben wir eingegriffen, Sätze gekürzt bzw. umgestellt. Ähnliches gilt für die Verwendung von Tempora; wir haben abweichend vom Original das Präsens bevorzugt.

Ein unendlicher Dialog

Seit der Veröffentlichung der deutschsprachigen Ausgabe erreichen uns immer wieder kritische Hinweise und Nachfragen. Oft stammen diese von Spezialisten für eines der zahlreichen Teilgebiete, die Hattie behandelt. Manche, trotz aller Bemühungen mehrdeutige oder missverständliche Übersetzung wurde so nachträglich aufgedeckt. Korrekturen sind in den Nachdrucken der ersten sowie in der zweiten, korrigierten Auflage und – soweit für das inhaltliche Verständnis bedeutsam – auf der Begleit-Website unter „Korrigenda" eingearbeitet.

Das weit größere Risiko sehen wir nicht in den Ambiguitäten der Übersetzung, sondern in der Tatsache, dass viele Schlüsselbegriffe Hatties im deutschsprachigen Raum eine eigenständige Geschichte aufweisen bzw. entwickeln und nicht selten Signalwörter für bestimmte, sich teils gegenseitig aktiv abgrenzende pädagogische Handlungsansätze oder (normative) Theorien darstellen. Die uneinheitliche Terminologie der deutschsprachigen Erziehungswissenschaft kann dadurch noch weiter strapaziert und unklarer werden.

Dies gilt für Faktoren wie *„open"* vs. *„traditional"*, *„problem-based learning"*, *„individualized instruction"*, *„direct instruction"*, *„inquiry-based teaching"* u.v.a.m. Am Beispiel der *„individualized instruction"*, die wir mit „Individualisierung" übersetzt haben, lässt sich das Problem veranschaulichen: Hattie versteht darunter im Kern einen an den Interessen und „Bedürfnissen" der Schülerinnen und Schüler orientierten Unterrichtsstil, der gemäß der vorliegenden 9 Metaanalysen relativ wenig zu den Lernleistungen beiträgt. Während Individualisierung in der deutschsprachigen Literatur teils recht ähnlich definiert wird und dem die explizit an diagnostizierten „Bedarfen" orientierte Differenzierung gegenübergestellt wird (z.B. Bohl 2012), fassen andere Individualisierung als Oberbegriff auf (ähnlich wie das „personalisierte Lernen"). Damit wird Hatties Befund in seiner Reichweite unzulässig überdehnt. So spricht Brüning/Saum (2010) von „Differenzierung nach Interesse" als Unterform der „Individualisierung und Differenzierung durch kooperatives Lernen". Es dürfte unmittelbar einleuchten, dass für die nach Orientierung und Halt suchenden Lehrpersonen der Begriffswirrwarr perfekt ist und eine nachhaltige Motivation zur aktiven Auseinandersetzung mit Fachliteratur unterminiert wird.

Hatties Ranglisten der Einflüsse haben seine Bücher prominent gemacht und sind nach seinen eigenen Worten gleichzeitig eine der größten Quellen für die Ablenkung von der eigentlichen Aufgabe (vgl. *Zeit*-Interview mit John Hattie, 02.05.2013): der Suche nach besseren, nach optimalen Kombinationen von Einflussmöglichkeiten, die vorzunehmen ausschließlich die Lehrpersonen und Schulleitungen „vor Ort" in der Lage sind.

Das Dilemma, in dem sich die Erziehungswissenschaft mit ihren differenten bis hin zu idiosynkratrischen Begriffsverwendungen befindet, wird durch Hatties Werke nicht geschaffen und sicherlich nicht gelöst. Allerdings wird es befeuert, insofern die unterschiedlich großen Effektstärken darauf verweisen, was auf dem Spiel steht: Die Relevanz der jeweils vertretenen pädagogischen Ansätze mit seinen positiv besetzten Schlüsselbegriffen für die Proponenten, die Stärke der Argumente, die gegen diese Faktoren vorgebracht werden, für die Opponenten.

Gerade pädagogische Diskurse scheinen nicht gefeit zu sein vor einer plötzlichen und intensiven Emotionalisierung, sobald die eigenen Grundüberzeugungen infrage gestellt werden. Die Tacitus-Maxime „sine ira et studio" („ohne Zorn und Eifer") mit der Forderung nach pädagogischem Feuer und Leidenschaft zu verbinden, die Hatties Werk durchzieht, ist die lebenslange große Herausforderung, der sich nicht nur Lehrpersonen in den Klassen, sondern auch diejenigen zu stellen haben, die über Schule, Unterricht und Bildung forschen und lehren. Wir hoffen sehr, diese Aufgabe mit unserer Übersetzung erleichtert zu haben und dem Dialog in der Erziehungswissenschaft, der per se unendlich ist, einen Impuls gegeben zu haben.

Literatur

Achermann, Edwin/Gehrig, Heike (2012): Altersdurchmischtes Lernen. Auf dem Weg zur individualisierenden Gemeinschaftsschule. 2. Auflage. Bern: Schulverlag plus.

Beywl, Wolfgang/Niestroj, Melanie (2009): Das A-B-C der wirkungsorientierten Evaluation. Glossar – Deutsch Englisch – der wirkungsorientierten Evaluation. 2., vollständig überarb. Auflage. Köln: Univation [aktualisierte Online-Version: http://www.eval-iki.org/glossar].

Bohl, Thorsten (2012): Binnendifferenzierung. Immenhausen bei Kassel: Prolog.

Brezinka, Wolfgang (1990): Grundbegriffe der Erziehungswissenschaft. Analyse, Kritik, Vorschläge. 5. Auflage. München: Reinhardt.

Brüning, Ludger/Saum, Tobias (2010): Individualisierung und Differenzierung. In: Praxis Schule, 1, S. 8–11.

Dubs, Rolf (2009): Lehrerverhalten. Ein Beitrag zur Interaktion von Lehrenden und Lernenden im Unterricht. Stuttgart: Steiner.

Hattie, John (2013): Lernen sichtbar machen. Deutschsprachige Ausgabe von „Visible Learning“, besorgt von Wolfgang Beywl und Klaus Zierer. Baltmannsweiler: Schneider Hohengehren.

Helmke, Andreas (2012): Unterrichtsqualität und Lehrerprofessionalität. Diagnose, Evaluation und Verbesserung des Unterrichts. 4. Auflage. Seelze-Velber: Kallmeyer.

Pinker, Steven (2003): Das unbeschriebene Blatt. Die moderne Leugnung der menschlichen Natur. Berlin: Berlin-Verlag.

Terhart, Ewald (2011): Hat John Hattie tatsächlich den Heiligen Gral der Schul- und Unterrichtsforschung gefunden? Eine Auseinandersetzung mit Visible Learning. In: Edwin Keiner u.a. (Hrsg.): Metamorphosen der Bildung. Historie – Empirie – Theorie. Festschrift für Heinz-Elmar Tenorth. Bad Heilbrunn: Klinkhardt, S. 277–292.

Terhart, Ewald (2012): Drifting Didactics. Jahrbuch für Allgemeine Didaktik, S. 65–76.

UNESCO Institute for Statistics (2012): International standard classification of education. (ISCED 2011). Montreal: UNESCO Institute for Statistics.

Woolfolk, Anita/Perry, Nancy (2012): Child and adolescent development. Upper Saddle River: Pearson Education.

Zierer, Klaus (2013): Hausaufgaben sind keineswegs sinnlos. In: Frankfurter Allgemeine Zeitung, 15.03.2013.

Die Autorinnen und Autoren

Matthias Bernhard ist wissenschaftlicher Mitarbeiter am Heinz Nixdorf-Stiftungslehrstuhl für Didaktik der Mathematik an der Technischen Universität München. Er ist Gymnasiallehrer mit beiden Staatsexamina und derzeit in der Lehrerausbildung tätig. Sein Forschungsinteresse gilt der Kompetenzentwicklung im Primar- und frühen Sekundarschulalter.

Prof. Dr. **Wolfgang Beywl** leitet seit 2010 die Professur für Bildungsmanagement sowie Schul- und Personalentwicklung an der Pädagogischen Hochschule FHNW Nordwestschweiz. Er lehrt Evaluation in Aus- und Weiterbildungsprogrammen in- und ausländischer Hochschulen und hat mehrere Lehrbücher über Evaluation verfasst. Er arbeitet an Forschungs- und Entwicklungsprojekten zur unterrichtsintegrierten Selbstevaluation sowie zur evidenzbasierten Professionalisierung von Lehrpersonen.

Dr. **Hans Brügelmann** war nach seiner Mitarbeit beim Deutschen Bildungsrat und in verschiedenen Evaluationsprojekten von 1980 bis 1993 Professor für Anfangsunterricht mit dem Schwerpunkt Erstlesen/Erstschreiben an der Universität Bremen und danach bis 2012 Professor für Grundschulpädagogik und -didaktik an der Universität Siegen. Seitdem ist er Fachreferent für Qualitätsentwicklung im Grundschulverband und freier Bildungsjournalist. 2005 veröffentlichte er *Schule verstehen und gestalten* im Libelle Verlag.

Prof. Dr. **Marko Demantowsky** leitet seit 2012 die Professur für Didaktik der Gesellschaftswissenschaften und ihre Disziplinen an der Pädagogischen Hochschule FHNW (Basel/Windisch). Zuvor war er als Hochschullehrer an den Universitäten Bochum, Jena und Siegen tätig. Er ist Co-Autor des 2013 erschienenen Bandes *Forschungsmethoden und Forschungsstand in den Didaktiken der kulturwissenschaftlichen Fächer.*

Prof. Dr. **Olaf Köller** ist Professor für empirische Bildungsforschung an der Christian-Albrechts-Universität zu Kiel und Geschäftsführender Direktor des Leibniz-Instituts für die Pädagogik der Naturwissenschaften und Mathematik. Forschungsschwerpunkte: Leistungsmessung und Lehr-Lern-Forschung.

Thomas Kremers ist Gesamtschullehrer, Fachleiter für Sozialwissenschaften am Zentrum für schulpraktische Lehrerausbildung Oberhausen und Schulentwicklungsberater; er moderierte zahlreiche Lehrerfortbildungen zum Kooperativen Lernen im In- und Ausland und veröffentlichte sowohl zu diesem Thema als auch zu diversen sozial-ethischen Fragestellungen zahlreiche Aufsätze.

Prof. em. Dr. **Hilbert Meyer** war von 1975 bis 2009 Professor für Schulpädagogik an der Carl von Ossietzky Universität Oldenburg. Er ist Autor zahlreicher Publikationen zur Didaktik und Schulpädagogik. Er initiierte zusammen mit anderen reformpädagogische Projekte an der Universität Oldenburg und entwickelte unter anderem das Konzept eines handlungsorientierten Unterrichts.

Hans-Joachim von Olberg ist Wissenschaftlicher Mitarbeiter am Institut für Erziehungswissenschaft der Universität Münster. Nach seiner Lehrerausbildung hat er an der Entwicklung von Curricula besonders für die integrierte Sekundarstufe II und den sozialwissenschaftlichen Unterricht gearbeitet und ist seit 1979 in der bildungswissenschaftlichen Lehre für Lehramtsstudiengänge tätig. Zwischen 2002 und 2012 war er Studiendekan des Fachbereichs Erziehungswissenschaft und Sozialwissenschaften der Universität Münster.

Prof. Dr. **Hans Anand Pant** ist seit 2010 Professor für Erziehungswissenschaftliche Methodenlehre an der Humboldt-Universität zu Berlin und Direktor des Instituts zur Qualitätsentwicklung im Bildungswesen (IQB). In Forschung und Lehre beschäftigt er sich unter anderem mit Bildungsstandards, der Einführung von Innovationen in Schulen und der Validität von Methoden der Kompetenzmessung.

Prof. Dr. **Kristina Reiss** hat den Heinz Nixdorf-Stiftungslehrstuhl für Didaktik der Mathematik an der Technischen Universität München inne. Sie bildet an der TUM School of Education Studierende aus, die ein Lehramt an Gymnasien oder Beruflichen Schulen mit dem Fach Mathematik anstreben. Ihr Forschungsinteresse gilt der Entwicklung mathematischer Kompetenz in Schule und Universität.

Prof. em. Dr. **Hans-Günter Rolff** ist emeritierter Professor für Bildungsforschung am Institut für Schulentwicklungsforschung (IFS) der TU Dortmund, Vorsitzender des Akademierats der Deutschen Akademie für Pädagogische Führungskräfte (DAPF) und wissenschaftlicher Leiter des Fernstudienganges „Schulmanagement" der TU Kaiserslautern.

Prof. Dr. **Ewald Terhart** ist Professor für Erziehungswissenschaft mit dem Schwerpunkt Schulpädagogik und Allgemeine Didaktik an der Universität Münster. Seine Arbeitsschwerpunkte sind Lehrerberuf und Lehrerbildung. Hierzu hat er Forschungsprojekte durchgeführt und zahlreiche Publikationen vorgelegt. Darüber hinaus war und ist er in mehreren Reformkommissionen zur Lehrerbildung tätig.

Dr. **Monika Waldis** ist wissenschaftliche Mitarbeiterin im Zentrum für Demokratie Aarau, Abteilung Politische Bildung und Geschichtsdidaktik sowie Dozentin für Erziehungswissenschaft an der Pädagogischen Hochschule FHNW in Basel/Windisch, unter anderem mit den Forschungsschwerpunkten videobasierte Unterrichtsforschung und Professionalisierung von Lehrpersonen.

Prof. Dr. **Klaus Zierer** ist seit 2011 Professor für Erziehungswissenschaften mit dem Schwerpunkt Allgemeine Didaktik/Schulpädagogik an der Carl von Ossietzky Universität Oldenburg. Er war von 2004 bis 2009 als Grundschullehrer tätig. Im Rahmen seiner Habilitation war er im Trinity Term 2009 Visiting Research Fellow am Department of Education der University of Oxford und ist seit 2010 Associate Research Fellow am dort angesiedelten ESRC Centre on Skills, Knowledge and Organisational Performance (SKOPE).